AF575448

दिलचस्प देश

चीन

चीनी सभ्यता और समाज

संपादन : शू वू
हिंदी अनुवाद : बिजू नेगी

रॉयल कॉलिन्स पब्लिशिंग ग्रुप

Fun Reading about China: Chinese Lives

Shu Wu

First Hindi Edition 2020
Hindi Translation: Biju Negi
By Royal Collins Publishing Group Inc.
BKM ROYALCOLLINS PUBLISHERS PRIVATE LIMITED
www.royalcollins.com

Original Edition © Huang Shan Publishing House
All rights reserved.

No part of this publication may be reproduced, stored in a retrieval system, or transmitted, in any form or by any means, electronic, mechanical, photocopying or otherwise, without the written permission from the publisher.

Copyright © Royal Collins Publishing Group Inc.
Groupe Publication Royal Collins Inc.
BKM ROYALCOLLINS PUBLISHERS PRIVATE LIMITED

Headquarters: 550-555 boul. René-Lévesque O Montréal (Québec) H2Z1B1 Canada
India office: 805 Hemkunt House, 8th Floor, Rajendra Place, New Delhi 110 008

ISBN: 978-1-4878-0089-5

We are grateful for the financial assistance of B&R Book Program in the publication of this book.

प्राक्कथन

कोई भी सभ्यता बगैर मानव हस्तक्षेप के नहीं पनपती, और चीनी सभ्यता भी इसका अपवाद नहीं है। वह भी पीढ़ी-दर-पीढ़ी, असंख्य लोगों की मनःस्थितियों, विचारों, जीवनशैलियों, पसंद-नापसंद से प्रभावित व्यक्तिगत व सामूहिक कोशिशों व उद्यमों, और उन सभी बातों का जो हमारे जीवन का हिस्सा हैं, का परिणाम है। अपनी समृद्ध पारंपरिक विरासत की नींव पर चीनी लोगों की जीवनशैलियों में व्यापक परिवर्तन हुए हैं जिससे वे समकालीन दुनिया में अपनी विशिष्ट पहचान के साथ-साथ आधुनिक जीवन से भी सामजंस्य बैठा कर जी रहे हैं।

लोगों को करीब से जानना काफी रोचक होता है, लेकिन वे बचपन से जिस सभ्यता में पले-बढ़े हैं, उस संस्कृति को समझना और भी शिक्षाप्रद हो सकता है। चीनी संस्कृति को जानने-समझने के लिए वहाँ के लोगों के जीवन पर एक नज़र डालना, एक अच्छा शुरुआती बिंदु हो सकता है।

विषय-सूची

1 चीन में खानपान

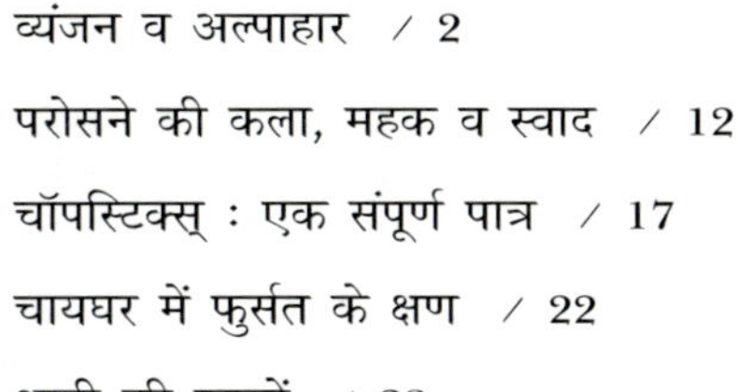

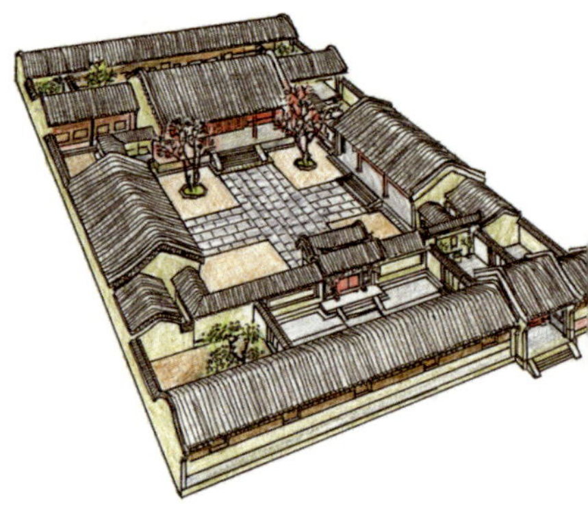

2 चीन में आवास

3 परिवहन में परिवर्तन

4 परिधान की शैलियां

5 अवकाश व त्यौहार

1

चीन में खानपान

चीनी लोग 'खानपान' को काफी महत्त्व देते हैं – न सिर्फ खाने में इस्तेमाल किये गये उत्पादों व खाने को बनाने के तरीकों को, बल्कि खाने की पेशकश को भी जिससे महक, स्वाद व प्रस्तुतिकरण के सम्मिश्रण से एक से एक उम्दा पकवानों का ईज़ाद किया गया हैं। चीनियों के लिए, खाना मात्र दिन में तीन बार का भोजन ही नहीं, बल्कि उससे कहीं अधिक संस्कृति, कला व अपरिहार्य सामाजिक मेलजोल का द्योतक है।

व्यंजन व अल्पाहार

चीन, विविध नैसर्गिक परिस्थितियों व उत्पाद, आर्थिक व सांस्कृतिक परिदृश्यों और जीवनशैलियों का विशाल देश है, जहाँ अलग-अलग विशिष्ट खानपान की आदतों व पसंदों के चलते अत्यंत विविध व्यंजनों व खास स्थानीय भोजन की किस्मों की भरमार है। सर्वाधिक लोकप्रिय व प्रचलित ''आठ महान व्यंजन'' हैं – शैनदांग, सिचुआन, कैन्टोन, ज्यांगसू, फुजियान, ज़ेजियांग, हुनान व अनहुई के व्यंजन।

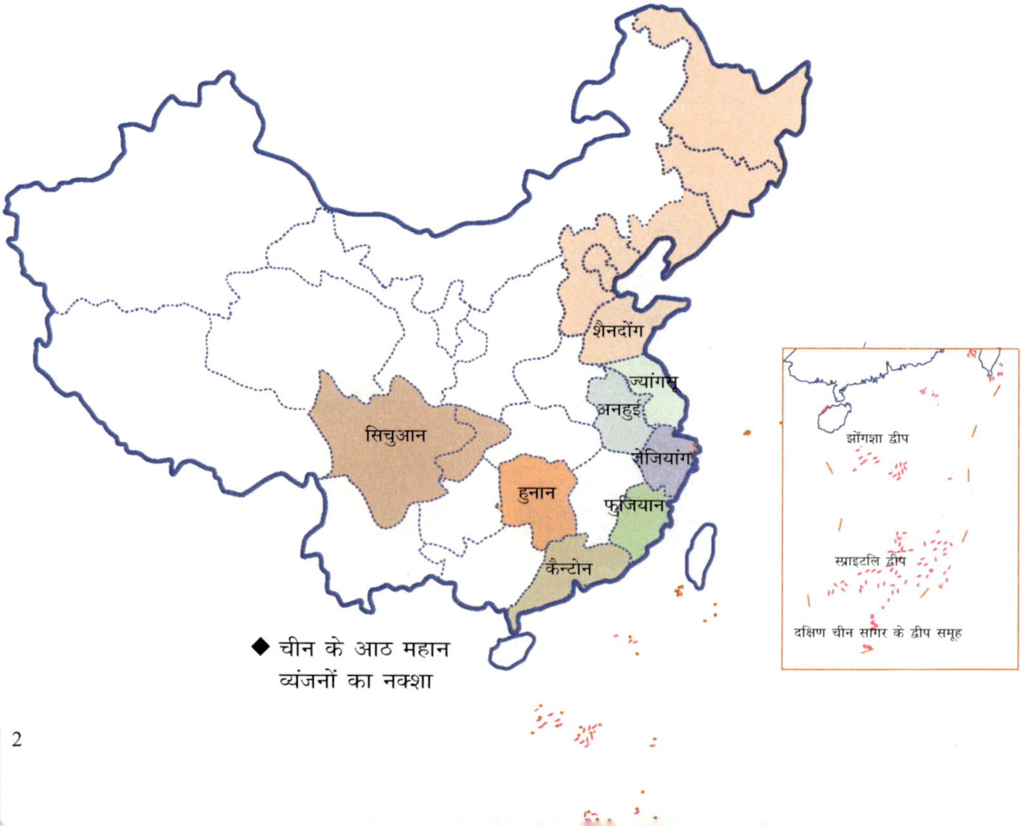

◆ चीन के आठ महान व्यंजनों का नक्शा

• शैनदोंगी व्यंजन

शैनदोंग के व्यंजन जिन्हें लू व्यंजन भी कहा जाता है, चीन में, व्यापक तौर पर सर्वाधिक लोकप्रिय हैं। ये व्यंजन मछली की गंधयुक्त, नमकीन, मुलायम, सुपाच्य व कुरकुरी महक के लिए जाने जाते हैं। शैनदोंग प्रांत की सुहावनी जलवायु, प्रचुर उत्पादन व समृद्ध पारंपरिक संस्कृति से वहाँ के भोजन का रंग व पेशकश आकर्षक तौर पर नाजुक व स्वाद बेहतरीन होता है। एक विशेष स्थानीय व्यंजन, सिक्सी बॉल्स के नाम की उत्पति तांग वंश के दौरान हुई, जिस दौरान प्रसिद्ध कवि व राजनायक झैंग ज्यूलिंग ने अपने जीवन की चार उल्हासपूर्ण घटनाओं का उत्सव मनाया था – शाही परीक्षाओं में अच्छे अंक प्राप्त करना, एक राजकुमारी से शादी, गृहस्थ की शुरुआत तथा अपने परिवार से पुनर्मिलन। आज उत्तरी चीन में विवाह समारोहों या जन्मदिन भोज पर, पारिवारिक पुनर्मिलन व दीर्घकालिन खुशहाली के प्रतीक के तौर पर यह व्यंजन अनिवार्य सा हो गया है।

◆ सिक्सी बॉल्स (चार-सुख गोश्त पिण्ड)

◆ समुद्री ककड़ी दम, हरे प्याज़ के साथ

• सिचुआनी व्यंजन

तुनिया भर में सर्वाधिक लोकप्रिय चीनी खानों में एक, सिचुआन या चुआन के व्यंजन, अपने तीखे, मसालेदार स्वाद व पकाने के विविध तरीकों के लिए जाने जाते हैं। प्रांत का कुछ इलाका जलीय होने से, वहाँ के मौसम में आर्द्रता रहती है और स्थानीय लोग चटपटा खाना पंसद करते हैं जिससे शरीर से अतिरिक्त पानी की निकासी होती रहे। इसी वज़ह से पूरे प्रांत में कोई भी खाना बगैर मिर्च के नहीं परोसा

◆ कुंग पाओ चिकन (मसालेदार मुर्गी के टुकड़े, मूंगफली के साथ)

◆ गर्म मिर्च तेल में मछली के कतले

जाता। चुआन के व्यंजनों में दर्जन भर मसालेदार स्वाद मिलते हैं और स्थानीय चुआन मिर्च तो खासकर हलक में सिरहन भरी अनुभूति छोड़ जाती है।

● कैन्टोनीस व्यंजन

कैन्टोनीस या यूए व्यंजन की जो बात उसे अन्य व्यंजनों से अलग करती है वह है विविध ताज़ा पदार्थ की उपलब्धता तथा मसालों के हल्के उपयोग से पकवानों की महीन सुगंध जिससे खाद्य पदार्थ की ताज़गी निखर आती है। चूंकि गुआनडौंग प्रांत की राजधानी गुआंगज़ाओ उन शुरुआती बंदरगाहों में रहा है जो विदेशी व्यापार के लिए खुला; वहाँ पश्चिमी सभ्यता का लंबे समय तक प्रभाव रहा है। इससे कैन्टोनीस व्यंजनों में पश्चिमी पाक शैली के भी पुट पाये जाते हैं जो उन्हें विश्व भर में चीनी रेस्तरांओं में (जो अकेले न्यू यॉर्क शहर में एक हजार से अधिक हैं) सर्वाधिक प्रचलित आहार बनाता है। कैन्टोनीस व्यंजनों में शोरबाओं का भी खास स्थान होता है जो इस लोकोक्ति से स्पष्ट होता है कि ''सूप के बगैर कोई भी खाना, खाना नहीं होता''। अतः यहाँ के खाने में

◆ मिट्टी के बर्तन में भाप से पका चावल

शोरबाओं, दलिया व अल्पाहार जलपान की प्रचुर विविधता है। ''स्वास्थ्य के लिए सही खानपान'' पर आधारित पारंपरिक चीनी अवधारणा से उपजी धीमी आंच में पकायी विधि द्वारा कैन्टोनीस सूप में चीनी जड़ी-बूटियों का मिश्रण उसे एक मनमोहक सुगंध व स्वाद प्रदान करता है। स्थानीय निवासी सुबह-शाम की चाय के साथ नाना प्रकार के डिम सुम, दलिया, चावल के नूडल्स, मिष्ठान व अन्य अल्पाहार लेना भी पसंद करते हैं। गुआनडौंग के चायघरों में देर रात व सुबह तड़के तक भी खूब चहल-पहल रहती है।

● ज्यांगसूई व्यंजन

ज्यांगसू के या सू व्यंजनों की विशेषता होती है उनका हल्का मीठा-नमकीन स्वाद और ताज़ी, महीन, कोमल सुगंध। मेज़ पर उसकी पेशकश, छुरी द्वारा पकवानों पर की गई नक्काशी उसको चार चांद लगाती है। सू व्यंजनों की एक और खासियत उन्हें पकाने के तरीकों और उनमें मिलाये जाने वाले सामग्रियों की असीम विविधता हैं। नरम, सुहावने जलवायु वाला ज्यांगसू प्रांत ''मछली व चावल का प्रदेश'' के नाम से प्रसिद्ध है, लिहाज़ा स्वाभाविक है कि उसके सामान्य स्थानीय सुस्वाद भोजन में ताज़े उत्पाद व समुद्री जीवों की प्रमुखता रहती है। सू व्यंजन के पकवान सुगंध-संपन्न और उनकी कारीगरी लाज़वाब व प्रस्तुतिकरण आकर्षक होता है। उदाहरण के लिए, यहाँ के एक खास पकवान में गहरी तली मैंडारिन मछली को खट्टी-मीठी चटनी (सॉस) में सेका जाता है जिससे वो बाहर से कुरकुरी व अंदर से नरम होती है। मेज़ पर उसे गिलहरी के आकार में तराश कर प्रस्तुत किया जाता है, जो देखते ही बनता है।

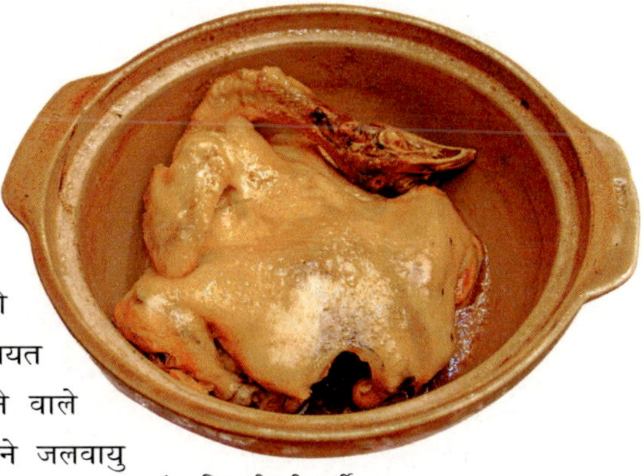

◆ भिखारी की मुर्गी

◆ खट्टी-मीठी मैंडारिन मछली

• फुजियानि व्यंजन

◆ दीवार फांदता बुद्ध

फुजियान के या मिन व्यंजन, फुजियान प्रांत की देशज पाकशाला शैली के होते हैं। वे हल्के व सुगंधित होते हैं और उसमें चीनी व सिरका का खूब प्रयोग किया जाता है। सामग्रियों की ताज़गी व प्राकृतिक स्वाद पर विशेष ज़ोर रहता है। पकवानों को अधिकतर सूप आधारित बनाया जाता है ताकि मुख्य सामग्रियों का मूल स्वाद बरकरार रहे। इस सागरतटीय व पहाड़ी प्रांत में साल भर मौसम सुहावना होने और जलीय उत्पादों की प्रचुरता की वज़ह से, मिन व्यंजनों में समुद्री व वनीय आहार की भरमार व विविधता रहती है। इनमें सबसे महंगा व उल्लेखनीय व्यंजन ''बुद्ध जम्पूस ओवर द वॉल'' (''दीवार फांदता बुद्ध'') है जिसमें 30 से अधिक दुर्लभ सामग्रियों को मिलाया जाता है – शार्क मछली के पर, ऐबालोन शंख जीव, समुद्री ककड़ी, शुष्क घोंघा, मछली के होंठ व उदर, मुर्गी के अंडे, बत्तख के अंडे और कबूतर के अंडे – जिनका लज़ीज़ स्वाद मुंह में देर तक बना रहता है। किवदंती है कि उसकी महक को सूंघ, एक बौद्ध भिक्षु अपना शाकाहारी संकल्प भूल गया और उसका स्वाद चखने के लिए दीवार फांद कर पहुंचा। इस पकवान का नाम उसी किवदंती पर पड़ा है।

◆ अदरक के सॉस में मुर्गी

• ज़ेजियांगी व्यंजन

ज़ेजियांगी या ज़े व्यंजन अपने मृदु स्वाद व उपयुक्त सामग्रियों के सूक्ष्म चयन के लिए जाने जाते हैं, जिनमें मुख्यतः मीठे पानी की मछलियां व झींगा, समुद्री आहार व मौसमी पैदावार होते हैं। विस्तृत तैयारी व प्रक्रिया के चलते, ये पकवान स्वादिष्ट व दिखने में अत्यंत मनोहर होते हैं। स्थानीय लोग, पकवानों के नाम लोकप्रिय जगहों, किवदंतियों या व्यक्तियों पर रखते हैं, जैसे, सिरका सॉस में वैस्ट लेक मछली, डौंग्पो पोर्क या सौंगसाओ कसी मछली का शोरबा, आदि जो उनमें एक स्पष्ट स्थानीय पहचान व संस्कृति का एहसास दिलाते हैं।

◆ डौंग्पो पोर्क

● हुनानी व्यंजन

हुनानी या शियांग व्यंजन अपने तीखे मसालेदार स्वाद, ताज़ी महक व गहरे रोगन के लिए जाने जाते हैं। उनको बनाने की भी अनेक विधियां हैं, जिनमें सर्वाधिक प्रचलित है विशुद्ध या मलाईदार सूप या शोरबा को धीमी आंच में पकाना। स्थानीय लोग अपने गर्म व आद्र मौसम से निबटने के लिए खूब मिर्च का सेवन करना पसंद करते हैं। यहाँ के उल्लेखनीय पकवानों में है, भाप देकर विभिन्न सॉस, खासकर चटपटी मिर्च सॉस में पकायी गयी मछली की सिरी।

◆ भाप से पकी मछली सीरी, कटी तीखी लाल मिर्च के साथ

● अनहुई व्यंजन

अनहुई या हुई व्यंजन, प्राचीन हाईजूहाओ, दक्षिण अनहुई प्रांत व पूर्वी शियांगशी प्रांत की देशज पाक कला शैलियों से उभरें हैं। आमतौर पर पकवानों को भूरी चटनी में दम देकर पकाया जाता है तथा अधिक तेल, चटनी व पकाने के तापमान पर ज़ोर दिया जाता है। चूंकि स्थानीय लोग साल भर खनिज युक्त चश्मे का पानी व चाय पीते हैं, अतः शरीर में संतुलन बनाये रखने के लिए रहे उनकी अधिक तैलीय खाना खाने की आदत है। हुई पकवान खासकर सोया सॉस व चीनी में दम देकर पकाये जाते हैं और मसालों का खूब उपयोग होता है जिससे वे तीखी सुगंध लिये व दिखने में लाज़वाब होते हैं। पकाने के तापमान पर खास ध्यान दिया जाता है जो उपयुक्त सामग्रियों की बनावट या प्रकृति पर निर्भर होता है जिससे कि उनका ज्यादा से ज्यादा मूल स्वाद कायम रहे। कुछ पारंपरिक व्यंजनों में विशेष महक उभारने के लिए, खमीर उठी सामग्रियों का भी इस्तेमाल किया जाता है, जैसे, 'बदबूदार मैंडारिन मछली' व 'बदबूदार तोफू'!

◆ भाप से पका संरक्षित 'हैम'

◆ 'बदबूदार' तोफू

अल्पाहार का नक्शा

1. बीजिंग
2. तियानजिन
3. शन्शी प्रांत
4. शान्शी प्रांत
5. हूबे प्रांत
6. हुनान प्रांत
7. सिचुआन प्रांत
8. यूनान प्रांत
9. गुआंगडोंग प्रांत

बीजिंग

- **पीला सेम केक**
  पीला सेम केक (येलो बीन केक) एक मौसमीय अल्पाहार है जिसे बसंत व गर्मियों में खाया जाता है। मान्यता है कि क्विंग वंश की रानी डाओवेजर सिक्सी इसे बहुत पसंद करती थीं। इस केक की मुख्य सामग्री छिली व कुटी हुई सफेद मटर होती है जिसे देर तक चीनी में पकाया जाता है और ठंडा होने पर यह पीला पक कर आया केक इतना ताज़गी भरा व नरम होता है कि मुंह में जाते ही पिघल जाता है।

- ***रोलिंग डॉन्कीज़***
  ये लसीले चावल के रोल हैं जिनमें लाल सेम की लेई या ब्राऊन चीनी भर कर, सोयाबीन के मीठे आटे में इस तरह बेला व लिपटाया जाता है गोया कोई गधा जमीन पर लोट रहा हो। पीला रंग व सेम का लुभावना स्वाद लिये और नरम, मीठा व कुछ लसलसा, यह बीजिंग में सर्वाधिक स्थापित अल्पाहार है।

तियानजिन

- **गोबुली भाप से पका भरवा बन**
  गोबुली भाप से पका भरवा बन का इतिहास डेढ़ सौ साल से भी पुराना है। इसमें भरावन रसदार होता है लेकिन चिपचिपा नहीं। इस पकवान की विशेषता उसको बनाने की प्रक्रिया है - सामग्री के चयन से लेकर मिश्रण व उन्हें बेलने तक। इस अल्पाहार के आविष्कारक च्यां चियो को बचपन में प्यार से गो ची (यानि 'पिल्ला') बुलाया जाता था। बड़े होकर वो अपनी आजीविका के लिए गोश्त के भरवा बन बनाने लगा, और इतना लोकप्रिय हुआ कि उसे अपने ग्राहकों से बात करने की फुर्सत नहीं होती। लोग कहते, "गो ची बन बेचता है पर किसी की परवाह नहीं करता"। इसी वजह से उसकी दुकान का नाम 'गोबुली' पड़ गया (यानि, किसी की परवाह न करता कुत्ता) जबकि उसका मूल नाम 'देजू' जो लोग कब के भूल चुके हैं। अब, गोबूली ने अंग्रेज़ी में अपना नाम "गो बिलीव" (यानि, चलो विश्वास करो) अपना लिया है।

- **गे फै क्शियांग तले डाओ ट्विस्ट**
  गूंथे आटा में विभिन्न सामग्रियां भरे व अच्छी तरह तले, जाफैक्शियांग कंपनी द्वारा तैयार इन स्वर्णीम डाओ ट्विस्ट में ऑसमैंथस फूल (जो सिर्फ चीन में ही पाया जाता है) की भीनी महक लिये होते हैं। कुरकुरे, खुशबूदार व मीठे, ये मुंह में बिना पिघले देर तक बने रहते हैं।

शन्शी प्रांत

- **कटे हुए नूडल्स**
  'आटा की भूमि', शन्शी में आटे से बने पकवानों की समृद्ध विविधता है, जिनमे सबसे जाने-माने कटे हुए नूडल्स हैं। विलो पेड़ की पत्तियों के आकार में बने व एक खास वक्र छुरी से तराशे, आटा का हल्का स्वाद लिए ये नूडल्स कुछ चिकने लेकिन गीले नहीं, नरम लेकिन चिपचिपे नहीं होते हैं।

- **बिल्ली के कान (कैट्स ईयरस्)**
  इस अल्पाहार का नाम उसके आकार की वजह से है। यह लोई के छोटे-छोटे गोलों को अंगूठे व तर्जनी से चिकोटी कर बनता है। इसको उबाल कर फिर गन्दना (प्याज की तरह की वनस्पति), सूअर के छिले गोश्त, झींगा मछली, मशरूम व हैम के साथ तला जाता है। इन सभी सामग्रियों के मिश्रित शोरबा के स्वाद से लबरेज़, यह अत्यंत खुशबूदार निखर के आता है।

शान्शी प्रांत

◆ भेड़ के शोरबे में सिक्त रोटी

स्थानीय भाषा में यांग रौ पाओमो कहा जाने वाला, शियान का सघन स्वाद वाला यह अल्पाहार सिकी हुई पीता रोटी को भेड़ के शोरबे में डुबो कर बनाया जाता है। पौष्टिक नरम गोश्त व मलाईदार शोरबा में इसे ताज़ी सामग्रियों व खूब मसालों से पूरी मेहनत से व समय देकर बनाया जाता है। यह खाने में काफी गरिष्ठ होता है और उत्तर-पश्चिमी इलाकों के लोगों में विशेषकर लोकप्रिय है।

◆ शान्शी ल्यांगपी (भाप से पके ठंडे नूडल्स)

नूडल्स समान यह ठंडा अल्पाहार, चावल या गेंहू के आटा को भाप से पका कर बनाया जाता है। इसे चावल नूडल्स भी कहा जाता है क्योंकि चावल का आटा ही अधिक लोकप्रिय है। परोसने से पहले इन्हे आधा सेंटीमीटर चौड़ा काटा जाता है और उसमें कसा हुआ खीरा, नमक, सिरका, सोया सॉस, तिल का तेल व मिर्च का तेल मिलाया जाता है जिससे उसका स्वाद खट्टा व तीखा बन पड़ता है। गर्मियों के दिनों के लिए यह बढ़िया अल्पाहार है।

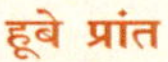

हूबे प्रांत

◆ तीखे शुष्क नूडल्स

चीन के पांच प्रमुख नूडल्स हैं – वुहान तीखे शुष्क नूडल्स, शन्शी कटे नूडल्स, गुआंग्क्षी व गुआंनडौंग यिफु नूडल्स, सिचुआन दनदन नूडल्स और उत्तर इलाकों के सोयाबीन लेई में नूडल्स। हूबे प्रांत की राजधानी वुहान का पारंपरिक पकवान, तीखे शुष्क नूडल्स में पके हुए नूडल्स को पहले तेल में मसल कर सुखाया जाता है। परोसते समय, नूडल्स में सूखे झींगा मछली, पंच-स्वाद सॉस, तिल की लेई, तिल का तेल, सिरका, मिर्च का तेल व अन्य मसालों का वघार देकर ठोस, चबाये जाने लायक अल्पाहार तैयार होता है जिसका स्वाद ताज़ा व चटपटा होता है।

◆ खोसियागन चावल की शराब

इस स्थानीय मदिरा का इतिहास एक हज़ार साल से भी ज्यादा पुराना है। इसमें मुख्य सामग्री लसीला चावल होती है जिसके चयन में बड़ा ध्यान दिया जाता है और फिर फेन्गवो खमीर, एक तरह का पूर्वी एशियाई किण्वन आरम्भक, से उसकी मदिरा खींची जाती है। चावल की यह मदिरा, मलाई जैसी सफेद दिखती है और उसकी ताज़गी भरी महक व मोहक स्वाद मुंह में देर तक बने रहते हैं।

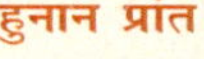

हुनान प्रांत

◆ चांग्शा शैली का बदबूदार तोफू

स्थानीय लोगों द्वारा ''बदबूदार शुष्क तोफू'' कहे जाने वाले इस पकवान को बनाने के लिए पहले महीनों तक तोफू को खारे पानी में रख कर उसका खमीरा उठाया जाता है। अलग-अलग शैली से बना तोफू का अलग-अलग रंग होता है लेकिन चांग्शा तोफू कोयला सा काला निखर कर आता है। वह खाने में तीखा लेकिन स्वादिष्ट, बाहर से कुरकुरा व अंदर से मुलायम होता है – वाकई एक अलग ही अविस्मरणीय स्वाद!

◆ टैंग यू बाबा (तले हुए मीठे चिपचिपे बन)

परिशोधित आटा व चीनी जैसी सामान्य सामग्रियों से बने सस्ते, पारंपरिक अल्पाहार टैंग यू बाबा की खासियत उसकी उत्कृष्ट कारीगरी है जिसमें चीनी की मात्रा तथा पकाने की अवधि व तापमान का विशेष ख्याल रखा जाता है। ये ताज़े बन तल कर स्वर्णिम रंग, कुरकुरे व मुलायम, मीठे व तैलीय स्वाद के बनते हैं और स्थानीय निवासियों में लम्बे समय से खासे लोकप्रिय रहे हैं।

सिचुआन प्रांत

◆ **लौंग चाओ श्याओ**

लौंग चाओ श्याओ (यानि, हाथ से लपेटना), सिचुआनी लोगों द्वारा वॉनटॉन को दिया गया विशेष नाम है। इस पकवान को बनाते हुए, गूंथे आटे को बहुत महीन बेल कर दोनो कोनों को लपेटना पड़ता है, जिससे उसका नाम पड़ा है। "कागज़ सा महीन, रेशम सा उत्कृष्ट" बेले हुए आटे में सूअर के मुलायम गोश्त का भरावन कर गुलगुला का आकार दिया जाता है और फिर उसे मलाईदार, मुर्गी, बत्तख या सूअर के गोश्त के शोरबे में धीमी आंच पर पकाया जाता है। खाने में ये अत्यंत लज़ीज़ व नरम होता है।

◆ **दनदन नूडल्स**

दनदन नूडल्स सर्वाधिक प्रचलित चैंग्डू अल्पाहार है जिसका अपना अलग ही स्थानीय स्वाद है। इसमें अत्यंत बारीक नूडल्स को खुशबूदार सॉस में बनाया जाता है जो इसे ताज़गी भरा नमकीन व थोड़ा तीखा स्वाद देता है। आटे के रोल बनाये जाते हैं और ऊपर से सूअर के गोश्त का कीमा डाल कर परोसा जाता है। पुराने समय में, बेचने वाले इसे डण्डी के लटकन पर सजा कर फेरी लगाते थे, जिससे इसका नाम दनदन (यानि, डण्डे की लटकन) पड़ा।

युन्नान प्रांत

◆ **जीदू ठण्डे नूडल्स**

यह युन्नान प्रांत के लिजियांग शहर का विशेष अल्पाहार है। ये नूडल्स, बाहर से काला दिखने वाले जीवानदू (सिर्फ इसी इलाके में उग रहा मटर) को कूट कर बनाए जाते हैं। इसे सिरका, सोया सॉस व अन्य स्वादिष्ट मसालों के साथ परोसा जाता है। अगर इसे गरम परोसा जा रहा है तो इसे तिल के तेल में तल, विविध मसालों के साथ मिलाया जाता है जिससे उसका नरम स्वाद बना रहे।

◆ **पुल पार करते चावल के नूडल्स**

पतले, मुलायम चावल के नूडल्स, कटा हुआ सूअर का गोश्त, शोरबा और मसालों से युक्त यह एक ठेठ युन्नानी अल्पाहार है जो बड़े ध्यानपूर्वक तैयार किए गए रस, परोसने की अद्वितीय शैली व विशिष्ट स्वाद के लिए जाना जाता है। नूडल्स के साथ, मछली के कतरन, मुर्गी व सूअर का गोश्त डाल कर खूब पकाया जाता है और परोसते समय, शोरबा में कबूतर के अण्डे सज़ा कर व उनके ऊपर उबलते तेल की एक पतली परत डाली जाती है। बगल में, विविध अन्य अल्पाहार व चटनी रखी जाती हैं जिससे खाने का स्वाद गरिष्ठ व मुंह में देर तक बना रहता है।

गुआंगडौंग प्रांत

◆ **भाप से पके चावल के रोल**

भाप वाले बर्तन पर एक कपड़े पर चावल के आटे की लेई की परत फैलायी जाती है। भाप देते हुए, परत को झिंगुर के पंख जैसा महीन फैलाया जाता हैं जिसपर गोश्त, मछली या कवच रहित झींगा रख कर पतले, लंबे रोल बनाये जाते हैं। इन्हे छोटे टुकड़ों में काट कर परोसा जाता है। गाय या सूअर के गोश्त, मछली, अण्डा या अन्य सामग्रियों से भर कर इस तरह नाना प्रकार के चावल के रोल बनाये जाते हैं।

◆ **शुआंग पी नायी (दोहरी परत वाला दूध)**

गुआंगडौंग प्रांत की विशेषता, शुआंग पी नायी की उत्पति क्विंग वंश के दौरान हुई जब फोशान शहर के शुंदे जिले के एक किसान ने इसे अनजाने में अकस्मात् बना डाला। यह नरम व मीठा अल्पाहार, दिखने में सफेद मलाईदार लेकिन खाने में कुछ ठोस होता है। दूध में अण्डे की सफेदी मिला कर उसे धीमी आंच में पकाया जाता है जिससे उसकी सतह पर एक ठोस परत बनती है। इसे लाल सेम, कमल के बीज, आम व तिल की चटनी के साथ परोसा जाता है।

परोसने की कला, महक व स्वाद

चीनी व्यंजन, लंबे समय से, रंग, महक, स्वाद व परोसने का एक उत्कृष्ट मिश्रण रहा है। अलग-अलग विशिष्ट रंग, उम्दा महक, विविध स्वाद व आकर्षक पेशकश, पकवानों पर चार चांद लगाते हैं जो पूरे खानपान को अद्‌भुत रूप से मधुर अनुभव प्रदान करते हैं।

स्वाद – आहार की आत्मा

एक चीनी कहावत है – ''आदमी वही बनता है जो वह खाता है, और स्वाद खानपान की आत्मा होती है।'' पश्चिमी देशों में सामान्यतः खाने को उसमें उपलब्ध कैलोरी, विटामिन या प्रोटीन की मात्रा के आधार पर आंका जाता है, जबकि चीनी इस बात पर ज्यादा गौर करते हैं कि खाना स्वादिष्ट है कि बेस्वाद।

चीनियों के लिए पकवानों का स्वाद का पैमाना न सिर्फ उसमें इस्तेमाल की गयी सामग्रियों की ताज़गी होता है बल्कि यह भी कि किस-किस तरह के मसाले इस्तेमाल किये गये हैं। खाना बनाने में, विविध सामग्रियों व मसालों को मिलाने में लोगों का अद्‌भुत कौशल है जिससे पकवान खट्‌टा, मीठा, तीखा, चटपटा व नमकीन स्वादों का एक उत्कृष्ट मिश्रण होते हैं और जो उन्हें एक अनूठी व बेमिसाल महक व सरसता प्रदान करते हैं।

◆ मापो तोफू (चटपटा व तीखा)।

चीनी संशोषणों की समृद्ध विविधता

खाने को ज़ायकेदार बनाने के लिए मसालों या अन्य संशोषणों का इस्तेमाल किया जाता है। नमक, चीनी, चावल का सिरका, सोया सॉस जैसे सामान्य संशोषणों के अलावा, चीनी लोग खाने में अक्सर सोयाबीन की लेई, खमीरयुक्त सोयाबीन, खमीरयुक्त तोफू, चावल की मदिरा आदि, अन्य चीज़ों का भी बहुदा उपयोग करते हैं। खमीरयुक्त सोयाबीन सॉस का उपयोग तो होता ही होता है, जैसे भुने हुए पीकिंग बत्तख में, जिससे उसका स्वाद और भी निखर आता है।

मिर्च

सिचुआन मिर्च (चीनी प्रिकलीएश)

कासिया (चीनी दालचीनी)

नमक

सोया सास

चावल का सिरका

◆ आम चीनी संशोषण

प्रस्तुतिकरण की कला, सुगंध व स्वाद

चीनी लोग अपने पकवान के प्रस्तुतिकरण को काफी महत्त्व देते हैं, खासकर सजावट व रंग की दृष्टि से। रंग की खूबसूरती मूलतः मिश्रित सामग्रियों के चयन में दिखती है, जैसे अण्डे की भुर्जी व टमाटर (चटख पीला व लाल) या चीनी जिमीकंद, कर्ण फफूंद के साथ तली हुई (श्वेत व श्याम)। इसके अतिरिक्त खाने को पकाते समय भी ''रंगा'' जाता है जिससे वो और भी लुभावना दिखता हैं। उदाहरण के लिए, दम-पोर्क बनाने के लिए पहले शक्कर को तेल में भुन कर भूरा किया जाता है और तब पोर्क डाला जाता है जिससे पक कर, पकवान के ऊपर भूरी लालिमा की एक परत सी बिछ जाती है – चमकीली व रवादार जिसे देखते ही मुंह में पानी छलक आता है।

कुछ पकवान होते हैं जिनका सौन्दर्य उनके तराशे गए आकार से निखरता है। यह बहुधा रसोईये द्वारा काटने की परिष्कृत कुशलता पर निर्भर करता है। सामग्रियों को चौकोर या सीधा पतला काटना, कसना, कीमा करना, टुकड़ों में काटना या गोलाकार बनाना, या विविध आकारों में तराशना, आदि से पकवान को दर्शनीय बनाया जाता है।

◆ पोर्क को शक्कर व सोयाबीन सॉस में रंगना

◆ **ककड़ी/खीरा विविध आकार में**
महीन तराशा हुआ खीरा जिसके अलग-अलग हिस्से वास्तव में जुड़े हुए हैं, और ऊपर से शक्कर, सिरका, सोया सॉस व मिर्च मिलायी हुई।
- लालटेन के आकार में तोफू, ब्रोकली के साथ।

◆ लालटेन के आकार में तोफू, ब्रोकली के साथ

चीनी व्यंजन में आंच या ताप का, कच्ची सामग्री को पकाने मात्र से कहीं अधिक महत्त्व होता है। वह वास्तव में किसी भी खाने के नैसर्गिक स्वाद को निखारने की कुंजी है।

खाना बनाने के विविध तरीकों में सामान्यतः हल्का या गहरा तलना, भाप देना, चलनी घुमाना, भुनना व गर्म टॉफी या शहद की परत चढ़ाना होता है। सबसे ज्यादा प्रचलित तरीका, हल्का तलना खाद्य सामग्री के पोषणीय गुणों को बरकरार रखने के लिए बेहतरीन होता है जिसमें तेल भी कम उपयोग होता है। कड़ाही में थोड़ा सा तेल डाल कर जब गर्म हो जाए तो उसमें गोश्त या सब्जियां डाल कर, पूरे पकने तक घुमाया जाता है।

आंच का रहस्य, ताप के प्रबंधन व नियंत्रण में है। आंच जरूरत से कम होगी तो खाना कच्चा रह जाएगा और ज्यादा कर दी गयी तो खाना ज्यादा पक कर बेस्वाद हो जाएगा। अतः हर व्यंजन के लिए आंच की सीमा व अवधि विशेष रूप से निर्धारित होती है। चलनी घुमा कर तलने के लिए तेज़ आंच की जरूरत होती है जबकि शोरबा या सेंकने के लिए, हल्के आंच की।

◆ एक रसोईया, काम करते हुए (स्रोत www.microfotos.com)

चॉपस्टिक्स – एक संपूर्ण पात्र

चीनी लोग खाने के लिए छुरी-चम्मच का नहीं, बल्कि चॉपस्टिक्स का इस्तेमाल करते हैं – दो साधारण, पतली डंडियां जो हल्की व सुविधाजनक होती हैं लेकिन वह सब काम करने में सक्षम होती हैं जो छुरी-चम्मच-कांटा से लिया जाता है – खाने के पात्र से खाने को उठाना, हिलाना, काट-छांट करना, घुलाना, हल्का खोदना, भोंकना, चीरना, आदि। चॉपस्टिक्स का आविष्कार करीब 3000 साल पहले हुआ और ये वास्तव में अद्‌भुत व अद्वितीय हैं तथा ''एशियाई सभ्यता'' के स्रोत के तौर पर देखे जाते हैं। उत्तर व दक्षिण कोरियाई व वियतनामी लोगों ने चॉपस्टिक्स का इस्तेमाल करना चीन से ही सीखा।

चॉपस्टिक्स का सही इस्तेमाल

छुरी व कांटे के अभ्यस्त यूरोपीय व अमरीकी लोगों के लिए चॉपस्टिक्स से खाना खासा चुनौतीपूर्ण हो सकता है, लेकिन एक बार वो उनसे खाने का गुर पकड़ लें तो वे उसे अत्यंत

◆ चॉपस्टिक्स, चीनी आहार के लिए अनिवार्य।

सुविधाजनक पाते हैं। चॉपस्टिक्स का सही इस्तेमाल करने का तरीका है कि ऊपरली डंडी को अंगूठे व तर्जनी के बीच पकड़ जाए और मध्यमा को ऊपरली व निचली डंडी के बीच में रखा जाए। खाते समय, दोनों डंडियां समानांतर रहती हैं तथा निचली डंडी को स्थिर रखते हुए, ऊपरली डंडी को चला कर आराम से खाना उठाया जाता है।

◆ चॉपस्टिक्स से खाने का सही तरीका

◆ चॉपस्टिक्स, गर्म बर्तनों के लिए विशेषकर सुविधाजनक

चीन की एक झलक : चॉपस्टिक्स

यूरोप से चॉपस्टिक्स का परिचय कराने वाले विद्वान, मैतयो रिच्ची (1552-1610) ने अपनी किताब ''द स्कैचबुक ऑफ चायना।'' (चीन का रेखाचित्र) में चॉपस्टिक्स के प्रयोग व उसके अंर्तनिहित संस्कृति का विस्तार से वर्णन किया है। आज पश्चिम के लोग चॉपस्टिक्स के इतने अभ्यस्त हो चुके हैं कि स्वयं कई लोग इसे अपनी रसोई में रखने लगे हैं। फ्रांस का पर्यटन एसोसिएशन तो, चीनी खानपान उद्योग में बेहतरीन प्रदर्शन के लिए, ''स्वर्ण चॉपस्टिक्स पुरस्कार'' देता है।

एक मंगलसूचक प्रतीक

चीनी लोक संस्कृति में चॉपस्टिक्स को खुशकिस्मती का प्रतीक माना जाता है तथा विवाह समारोहों या मृत्यु संस्कारों में उनका अक्सर उपयोग किया जाता है।

चॉपस्टिक्स जोड़ी में ही आते हैं इसलिए वे एकता, सौन्दर्य, सहयोग, मित्रभाव व परस्पर सहारा का भी आभास दिलाते हैं। गेलाओ समुदाय में परंपरानुसार जब कोई पुरुष, महिला के माँ-बाप से उसका हाथ मांगने के लिए उसके घर जाता है तो वह पूरी शालीनता से, दोनो हाथों से लाल कागज़ में लिपटे चॉपस्टिक्स, बैठक में मेज़ पर रखता हैं।

आज चॉपस्टिक्स, मात्र आहार के एक औजार से कहीं आगे, प्राचीन चीनी सभ्यता का एक विशिष्ट सांस्कृतिक प्रतीक बन गये हैं। इसी कारण, वे परिजनों व मित्रों के बीच मान्य उपहार के तौर पर दिये जाते हैं।

◆ परिजनों व मित्रों के लिए चॉपस्टिक्स का उपहार

चॉपस्टिक्स के उपयोग करते हुए ये करें व न करें

चॉपस्टिक्स के उपयोग के तरीके पर चीनी लोग खासा ध्यान देते हैं और उसके लिए बाकायदा नियम भी बनाये हुए हैं:-

1. चॉपस्टिक्स को स्थिर पकड़ें – चॉपस्टिक्स से खाना मेज़ या दूसरे की थाली में गिरना अभद्र माना जाता है।
2. चॉपस्टिक्स से थाली या तश्तरी को न बजाएं – वह भीख मांगने का परिचायक माना जाएगा।
3. चॉपस्टिक्स से थाली में खाने को न चलाएं – मेज़ पर ऐसा करना बुरा शिष्टाचार माना जाता है।
4. चॉपस्टिक्स की एक डंडी से खाने को न भोंके – ऐसा करना अत्यंत अशिष्ट होता है।
5. तश्तरी के बीच में चॉपस्टिपरा को खड़ा न रखें – ऐसा केवल मृत्यु संस्कार में किया जाता है।
6. खाते समय चॉपस्टिक्स से किसी की ओर इशारा न करें या उन्हें हवा में न लहराएं – यह मेज़ पर अन्य लोगों के प्रति अपमानजनक होगा।

◆ चॉपस्टिक्स

चायघर में फुर्सत के क्षण

हालांकि हम सही मायने में इसे आहार तो नहीं कह सकते लेकिन चाय अधिकांश चीनी लोगों के जीवन का अभिन्न हिस्सा है जिसे वे खाने के बाद, बैठकों में या जब घर पर कोई मेहमान आए, पीना बेहद पसंद करते हैं। रात के खाने पर कई बार मदिरा की जगह चाय परोसी जाती है जैसा कि चीनी मुहावरा ''मदिरा की जगह चाय'' से पता लगता है। दरअसल, चाय हज़ारों साल से चीनियों के जीवन का इतना अहम हिस्सा है कि उसका महत्त्व खाने के बराबर ही है। चीनी चाय की सभ्यता का स्वरूप, विविध चाय कलाओं, चाय रस्मों व समारोहों, चायघरों व यहाँ तक कि चाय की दावतों में भी स्पष्ट दिखता है।

अद्‌भुत एशियाई चाय की पत्तियां

चाय का इतिहास हज़ारों साल पुराना है जब प्राचीन चीन में इसकी खोज हुई और लोगों ने इसका सेवन किया। विविध चाय की पत्तियां, चाय के बीज़ व चाय पीने के तौर-तरीके जो दुनिया भर में आज स्वीकार्य हैं, प्रत्यक्ष अथवा अप्रत्यक्ष रूप से उनकी उत्पत्ति चीन में ही हुई, यहाँ तक कि उसका नाम ''चा'' भी।

17वीं शताब्दी में जब चीनी चाय यूरोप भर में लोकप्रिय होने लगी तो अंग्रेज़ों ने एशियाई चाय की पत्तियों पर टिप्पणी करते हुए कहा, ''यह एक ऐसा पेय है जिसकी सब डाक्टर सलाह देते हैं।''

◆ ऊलौंग चायपत्तियां

◆ ताईपिंग ह्वोकूई चायपत्तियां।

◆ वैस्ट लेक लौंगजिंग चायपत्तियां।

◆ प्यू'अर चायपत्तियां

◆ एंक्सी टीग्वानयीन चायपत्तियां

◆ किमेन ब्लैक चायपत्तियां

◆ चीनी चाय संस्कृति

आधुनिक वैज्ञानिक शोध से जाहिर हुआ है कि चाय की पत्तियों में कई तरह के पोषणीय तत्त्व पाये जाते हैं जैसे प्रोटीन, एमिनो अम्ल, वसा, शक्कर, विटामिन व खनिज, चाय पोलीफिनॉल तथा कैफीन जो खासकर उपचारात्मक होते हैं। चाय पोलीफिनॉल स्तंभक, दर्दमारक, कीटाणुनाशक व विकीरणरोधक की तरह काम कर सकता है, जबकि कैफीन, पाचन में, धमनियों की थकान में आराम देने तथा मूत्रवर्धन में मदद करता है। आज, जब लोग स्वास्थ को लेकर चिंतित व सचेत हो रहे हैं, चीनी चाय के उपचारात्मक गुणों की दुनियाभर में हाम होने लगी है।

व्यापक चायघर

पश्चिमी कैफे की तर्ज़ पर, चीन में चायघर भी मनोरंजन व विश्राम की जगहें हैं। वे पश्चिमी कैफे से अलग है तो इस बात पर कि जहाँ कैफे में सामान्यतः एक तरह की चुप्पी सी रहती है, चीनी चायघरों में खासा शोर-शराबा रहता है।

चाय व आराम के अलावा, चायघर एक-दूसरे से मिलने की भी जगहें होती हैं। पारंपरिक चायघरों में मनोरंजन की कई गतिविधियां भी होती रहती हैं – जैसे, कथावाचन व स्थानीय गीत-नाटिका से लेकर रंगारंग कार्यक्रम और लोग इन सब का लुत्फ़ उठाते हुए गपशप या शतरंज की बाज़ी का भी मज़ा लेते रहते हैं।

आधुनिक चायघर कुछ अलग व बहु-व्यवहारिक हो गए हैं और चाय का आनन्द व आराम से समय बिताने के अलावा वे लोगों को परस्पर कारोबारी बातचीत व चाय संस्कृति का अनुभव लेने के अवसर भी प्रदान करते हैं। व्यापारी व पेशेवर वर्ग खासकर इन चायघरों को अपने मुवक्किलों से मिलने व व्यापारिक सौदों पर बातचीत करने के लिए बेहतर जगह के तौर पर देखते हैं।

◆ लाओशे पारंपरिक संगीत चायघर

◆ गूलेमिन शुआन चायघर

हाल के बरसों में, चीन में प्रथम व द्वितीय श्रेणी के शहरों में एक खास तरह के संगीत चायघर काफी लोकप्रिय हुए हैं। इन चायघरों में, अन्य सामान्य चायघरों की तुलना में, लोग कम शोर व अधिक शालीन माहौल में चाय रस्मों व संस्कारों या अन्य प्रदर्शनों का आनंद लेते हैं।

वास्तव में, चीन में चायघर वहाँ के समाज का एक सूक्ष्म दर्पण है जहाँ सभी तरह के लोग, सभी तरह की बातों में अपने फुर्सत के क्षण बिताते हैं। वाकई, ये चायघर चीन के विभिन्न इलाकों की स्थानीय संस्कृति व जीवनशैलियों को अपने में बखूबी समेटे हुए होते हैं।

''आनंदमय मदिरापान''

पारिवारिक घनिष्ठता व लगाव गहरा होने से, चीनी लोग सपरिवार, मेज़ पर साथ बैठ कर खाना पसंद करते हैं। सब लोग, बजाय इसके कि सबके लिए सब पकवानों की अलग-अलग तश्तरियां हों, चावल व सूप के अलावा बाकि अन्य पकवान एक-एक ही बर्तनों से साझा करते हैं।

यह प्रथा परिवारों से लेकर सामाजिक अवसरों में भी बनी रहती है। चीनी लोग, विभिन्न अवसरों पर दावत आयोजन करने के काफी शौकीन होते हैं, चाहे कुछ करीबी मित्रमंडली के लिए या बड़े स्तर पर ही। उनके लिए, ''सामुदायिक भोज'' जीवंतता, आत्मीयता, समरसता व पारिवारिक मेलभाव के पारंपरिक अवधारणा का एहसास दिलाता है जबकि ''एकल भोजन करना'' परायेपन व अनम्यता का।

किसी भी ऐसे अवसर पर, मदिरा तो होती ही होती है, जो हज़ारों सालों की चीनी सभ्यता में लोगों के जीवन का अभिन्न अंग रही है। मदिरा, सांस्कृतिक मेलजोल में एक घटक का काम करती है। मेज़बान, मेहमानों की सलामति का जाम उठाते हैं। मेहमान जितना अधिक पी सकें, मेज़बान को उतनी ही अधिक खुशी होती है। इसीलिए किसी भी दावत को अक्सर ''मदिरा दावत'' भी कहा जाता है।

शादी-ब्याह, नव-शिशु जन्म, जन्मदिन, गृह-प्रवेश या व्यापार उद्घाटन पर परिजन व मित्रगण ''आनंदमय मदिरापान'' के लिए भोज पर जमते हैं।

◆ हानी जनजाति के 'लाँग स्ट्रीट' प्रीतिभोज का दृश्य, युन्नान प्रांत

शादी की दावतें

पश्चिमी देश के लोग अमूमन शादियां गिरजाघरों में मनाते हैं, जबकि चीन में शादियां आमतौर पर होटलों में होती हैं। शादी के दिन दुल्हन व दूल्हा एक भव्य समारोह का आयोजन करते हैं और अपने परिजनों व मित्रों को भोज पर आमंत्रित करते हैं। पकवानों की संख्या दो के जोड़ में होती है जो विवाह की जोड़ी का प्रतीक होती है। शादी की दावतों में ठेठ आठ ठंडे आहार, आठ गर्म पकवान, चार फल व मिष्ठान, सूप, मदिरा व शीतल पेय होते हैं। इस सभी आहारों के बड़े आकर्षक नाम रखे जाते हैं, जो नवदम्पतियों को शुभकामनाएं भी देते हैं व साथ ही मेहमानों के लिए मेज़ पर एक मृदु माहौल पैदा करते हैं।

◆ दुल्हन व दूल्हा, परस्पर हाथ फंसाये, एक-दूसरे के गिलास से मदिरा पान करते हुए
(स्रोतः www.microfotos.com)

ऐसे मौकों पर, मदिरा तो अनिवार्यतः होती ही है और शादी की रस्मों का एक अहम क्षण होता है जब दुल्हन व दूल्हा, एक-दूसरे की आंखों में आंखे डाल, अपना-अपना गिलास थामे हाथों को एक-दूसरे में आड़े फंसा कर ''मदिरा का पान'' करते हैं। यह क्षण, भावी अच्छे व बुरे दिनों को साथ निभाने के संकल्प के साथ, एक युगल के रूप में उनके जीवन का आरम्भ होता है। दावत के दौरान भी, नवदंपति, हर मेज़ पर मेहमानों के प्रति कृतज्ञता दर्शाने के लिए उनकी सलामती के लिए जाम भी उठाते हैं।

नवजात शिशुओं के लिए ''आनंदमय मदिरापान''

चीनी परंपरा में, नवजात का पैदा होना किसी भी परिवार के लिए सबसे बड़ी घटना होती है। नए माता-पिता अपने बच्चे की पैदाइश, उसके एक महीना होने पर व पहली सालगिरह पर दावत देते हैं। ऐसे अवसरों पर परिजन व मित्रगण, बधाई के तौर पर, उन्हें तोहफे भेंट करते हैं। पैदा होने के एक महीने पर होने वाली ''पूर्ण माह दावत'' खासा महत्त्व रखती है। यह दावत घर पर या किसी रेस्तरां में दी जाती है।

उस दिन, परिजन व मित्रगण बच्चे के लिए तोहफे के तौर पर पकवान, कपड़े, छोटे-छोटे चांदी के ताले, आदि लाते हैं और मेज़बान प्रत्येक मेहमान को चार ''लाल अण्डे'' देते हैं, जिन्हें ''खुशी के अण्डे'' भी कहा जाता है। ये अण्डे उबले हुए होते है जिनके आवरण पर शुभकामना व सौभाग्य के प्रतीक के तौर पर लाल रंग चढ़ाया जाता है। चीनी भाषा में ''मुर्गी'' का उच्चारण कुछ-कुछ ''मंगल'' जैसा होता है।

◆ **लंबे जीवन का ताला** – पुराने समय में बच्चे इन तालों को गहने के रूप में गले में पहनते थे, एक तावीज़ की तरह, स्वस्थ रहने तथा बुराई से दूर रहने के लिए।

◆ आनंद के अण्डे
(स्रोतः www.microfotos.com)

जन्मदिन पर ''आनंदमय मदिरापान''

चीनी लोग जन्मदिनों को ''जीवन के क्षण'' कहना पसंद करते हैं (खासकर बुजुर्ग लोगों के जन्मदिनों को)। ऐसी सभ्यता में जहाँ बच्चे व बूढ़ों की पूरी परवाह की जाती है, जब माता-पिता 50 साल के ऊपर हो जाते हैं, तो उनके बच्चे उनका जन्मदिन मनाते हैं क्योंकि वो उनके लिए ''बड़ा क्षण'' होता है।

जन्मदिन की इन दावतों में पकवानों के नाम शुभ अंको पर रखा जाता है, जैसे ''नौ लंबे जीवन'' या ''आठ अनश्वर''। कुछ नाम, जैसे ''पूर्वी समुद्र सी व्यापक किस्मत'' या ''सारस सा लंबा जीवन'' के ज़रिए बच्चे अपने माता-पिता, दादा-दादी की लंबी उम्र व स्वस्थ जीवन की शुभकामना करते हैं। उत्तरी चीन के कुछ इलाकों में, ऐसे अवसरों पर, प्याले में भरा नूडल एक ही डोर का बना होता है जिसे जन्मदिन वाले व्यक्ति को एक ही कौर में लेना होता है। उसे काट कर लेना अशुभ माना जाता है। जैसे पश्चिमी परंपरा में जन्मदिन-केक लाये जाते हैं, यहाँ मेहमान, तोहफे के तौर पर आड़ू के आकार के भाप से पके बन लाते हैं। यह प्रथा एक चीनी किवदंति पर आधारित है जिसके अनुसार स्वर्ग की रानी ने अनश्वरों के आवास 'जेड तालाब' पर आयोजित अपने जन्मदिन पर मेहमानों को आड़ू की दावत दी। पर आज ये ''आड़ू'', आटे के बने होते हैं, उनके ही आकार व रंग में (और कहीं-कहीं तो उत्तम, ताज़े आड़ूओं के साथ ही परोसे भी जाते हैं), और प्रायः उन्हें मेज़ पर नौ की संख्या में सजा कर रखा जाता है।

◆ आड़ू के आकार में भाप से बने बन, लंबे जीवन के लिए
(स्रोतः www.microfotos.com)

अंतिम संस्कार व ''आनंदमय मदिरापान''

पारंपरिक चीनी लोक संस्कृति में, किसी बुजुर्ग की मृत्यु ''श्वेत आनंद की घटना'' मानी जाती है। जैसे ''लाल आनंदमयी घटना'' (यानि, विवाह) मनायी जाती है, वैसे ही ''श्वेत'' का अनुष्ठान भी उसी तरह भव्य स्तर पर किया जाता है। अंतिम संस्कार में, मृतक का परिवार, अन्य परिजनों व मित्रों को, अपना आभार प्रकट करने व दुआ के लिए भोज पर आमंत्रित करता है। ऐसी मान्यता है कि ''अंतिम संस्कार भोज'' द्वारा, मृतक की आत्मा के प्रति शुभकामनाएं, उसके बच्चों पर फलीभूत होंगी।

हालांकि, और खासकर शहरों में, अंतिम संस्कार व क्रिया-कर्मों को अब काफी सरल बना दिया गया है लेकिन ग्रामीण इलाकों में ''श्वेत अंतिम संस्कार'' आज भी पूरी परंपरा के साथ निभाया जाता है।

◆ मध्य शान्शी प्रांत में एक अंतिम संस्कार
(स्रोतः www.microfotos.com)

2

चीन में आवास

पिछले कुछ दशकों में चीन में आवास की स्थिति में बहुत सुधार हुआ है और लोगों के पास छोटे बाड़े, नली के आकार के फ्लैट व छोटे एकल श्रेणी के फ्लैट से लेकर आधुनिक फ्लैट व शहरी घरों तक आवास के विकल्प हैं। लोगों का ''रहने को अपना घर'' होने का सपना भी बढ़ा है और वे अब किसी अच्छे शांत रिहायशी इलाके में अपना दूसरा या तीसरा भी घर होने की आकांक्षा रखने लगे हैं।

एकल मकान से बहुमंजिला इमारत

आज देश भर में शहरों में बहुमंजिला इमारतें व नित नए आवासीय इलाके उभर रहे हैं। लोगों के आवासीय माहौल में एक-एक दिन में परिवर्तन आ रहा है।

सिएयुअन आंगन वाले घर (चीनी चतुर्भुज)

सिएयुअन या चीनी चतुर्भुज घर, पारंपरिक चीनी वास्तुकला के सर्वाधिक प्रतिष्ठित नमूनों में से एक हैं। अधिकांश पुराने बीजिंग-निवासी इसी शैली के घरों में रहा करते थे।

सिएयुअन शब्द दरअसल आंगन के लिए है जो चारों ओर से घरों से घिरा हो। इसमें भीतर की तरफ खुलता एक चौकोर आहाता होता है, जिसमें सिर्फ एक ही प्रवेशद्वार होता है, दक्षिण की ओर, धूप की ओर खुलता हुआ। आहाता के उत्तरी ओर, दक्षिण को खुलता हुआ, मुख्य घर माना जाता है। उसके बगल में पूरब व पश्चिम में स्थित इमारतें, किनारे के घर कहे जाते हैं। परिवार के सदस्यों

◆ धूसर खपरैल का एक बीजिंग सिएयुअन का द्वार

◆ बीजिंग सिएयुअन का चित्रण
(स्रोतः www.microfotos.com)

को घर में कमरे, परिवार में उनकी हैसियत के आधार पर नियत किये जाते हैं, जिससे मुख्य घर परिवार में वरिष्ठ सदस्यों के लिए रखा जाता है और किनारे के घर बच्चों या कनिष्ठ सदस्यों के लिए।

सिएयुअन में, पूरे परिवार को खुलापन, सुख-सुविधा, आराम, शांति, एकान्तता व स्नेहपूर्ण माहौल मिलता है। उसकी दीवारें सुरक्षा प्रदान करने के साथ-साथ, धूल-धक्कड़ से भी बचाती है। पौधों, फूलों व पत्थरों से सुसज्जित, आंगन एक तरह का बगीचा होता है जो निवासियों

◆ बीजिंग में एक सिएयुअन
(स्रोतः www.microfotos.com)

को खुले में रहने का भी एहसास दिलाता है। इस बगीचे में अनार, चीनी जंगली सेब व कनेर के पेड़ लगे होते हैं और काली ईंटों, कंकड़ों या पत्थर की पट्टियों से पथ बिछे होते थे। कुछ परिवारों के घरों में कुत्ते होते थे और कुछ बड़े-बड़े बर्तनों में शौकिया तौर पर स्वर्ण मछलियां पालते थे। गर्मियों के दिनों में, आंगन में छाया के लिए देवदार के पेड़, ईख, भांग की मोटी रस्सी व अन्य लकड़ी से छप्पर खड़े किए जाते थे। एक लोकोक्ति में सिएयुअन में जीवन का बड़ा खूबसूरत वर्णन है – ''छप्पर, मत्स्य बर्तन व अनार के पेड़; बुजुर्ग परिजन, मोटे-मोटे कुत्ते और प्यारी बालिकाएं!''

कुछ स्थानीय लोग आज भी सिएयुअन सरीके घरों में रहते हैं, हालांकि धीरे-धीरे बीजिंग के इन चतुर्भुजों की जगह बहुमंजिला इमारतें ले रही हैं। कुछ सिएयुअन आवासों को, शहर की संस्कृति व विरासत के तौर पर स्थानीय सरकारों द्वारा संरक्षित किया जा रहा है।

शंघाई के शिकुमैन

◆ शंघाई में पुरानी शैली के शिकुमैन की एक गली, कपड़े खिड़कियों के बाहर टंगे हुए। (स्रोतः www.microfotos.com)

शिकुमैन (शब्दार्थ ''पत्थर की चौखट का दरवाजा), विशेषकर शंघाई में, चीनी व पश्चिमी वास्तुकला की मिश्रित शैली के तौर पर शुरू 20वीं शताब्दी में आया। अपने चरम पर, शहर के कुल 75 प्रतिशत आवासीय जगहों में शिकुमैना शैली के मुहल्ले मौजूद थे।

शिकुमैन की उत्पत्ति 1860 के दशक तक मानी जाती है जब ली शियुचैंग के नेतृत्व में ताईपिंग के बागियों ने पूर्व की ओर चढ़ाई करते हुए पूर्वी चीन में एक के बाद एक जेनजियांग, चैंगझाओ, वूशी, शूझाओ व निंग्बो, आदि शहरों पर कब्ज़ा किया। उसके फलस्वरूप, शंघाई के विदेशी बस्तियों में शरणार्थियों का आगमन हुआ, जिनमें अधिकांश दक्षिण ज्यांगसू व उत्तर जेजियांग के भूतपूर्व व्यापारी, भू-मालिक व सरकारी अधिकारी थे। उन शरणार्थियों को समायोजित करने के लिए स्थानीय व्यापारी वर्ग को गृह-निर्माण में पूंजी लगाने के लिए प्रोत्साहित किया गया। सीमित जमीन का अधिकतम इस्तेमाल करते हुए कतार पर कतार शिकुमैन शैली के घरों का निर्माण किया गया।

किसी भी शिकुमैन के ठेठ आंतरिक नक्शा के अनुसार पत्थर की चौखट के मुख्य फाटक के अन्दर एक बाहरी आंगन (टियान जिंग) होता है जिसके बाएं व दाहिनी ओर घर के दो खंड (शियांग फांग) होते हैं। आंगन की ओर मुंह किए हुए बीच में सभागृह (कटांग जिएन) होता है जिसके पीछे दूसरी मंजिल में जाने की सीढ़ियां होती हैं। सभागृह के पीछे एक भीतरी आंगन भी होता है पीछे के कमरे होते हैं जिन्हें आमतौर पर रसोई व भंडार की तरह इस्तेमाल किया जाता है। ऊपरली मंजिल का खाका भी निचली मंजिल जैसा ही होता है, बस, रसोई के ऊपर व सीढ़ियों के नीचे एक साधारण सा ''मंडप'' (टिंग्ज़ी जिएन) होता है।

◆ शंघाई में नई शैली का शिकुमैन (स्रोतः www.microfotos.com)

शिकुमैन के शुरुआती विकास के दौरान, मुहल्लों के नामों में पीछे से सामान्यतः ली (मुहल्ला), फांग (वार्ड), लाँग (गली) या कुन (गांव) लगा होता है। बाद में, जैसे-जैसे जीवनशैली में परिवर्तन और तरक्की के साथ नई शिकुमैन इमारतें बनने लगीं तो उनके नामों में ''अपार्टमैंट'' या ''विला'' शब्द भी जोड़े जाने लगे।

शिकुमैन, चीनी व विदेशी वास्तुकला की शैलियों का मेल प्रतिबिंबित करता है जिसमें बाद के शिकुमैन इमारतों में अधिक दर अधिक पश्चिमी वास्तुकला के तत्त्वों का प्रवेश होने लगा। मुख्य फाटक भी अधिकाधिक अलंकृत सरदलों से सुसज्जित होने लगे। नई शैली की तिमंजिला शिकुमैन में पारंपरिक तितरफा अगवाड़ा व बाएं-दाहिने दो खंडों को सीमित कर सिर्फ एक या दो तरफा अगवाड़ा व एक ही खंड बनाये जाने लगे। इन नई इमारतों में घर के भीतर, आग रखने की जगह, चिमनी व रोशनदान पर ज्यादा ध्यान दिया जाने लगा।

अतीत में, शिकुमैन मुहल्ले वास्तव में वृहद परिवारों का एक ही छत के नीचे रहने की पारंपरिक चीनी जीवनशैली का स्वरूप थे। जैसे-जैसे शंघाई के घर-परिवार छोटे होने लगे और उनकी जीवनशैलियों में खासा बदलाव आने लगा, शताब्दी पुराने शिकूमैंन जीवनशैली आधुनिक शहरी जीवन में बेमाना होने लगी। आज शिकुमैन की जीवनशैली सिर्फ शंघाई निवासियों की पुरानी पीढ़ी की स्मृति का एक हिस्सा बन के रह गयी है।

कांग से केन्द्रिक तापन तक

उत्तरी चीन के शीत प्रदेशों में, जहाँ जाड़ों में तापमान शून्य से 40 डिग्री नीचे तक चला जाता है, वहाँ पारंपरिक तौर पर घरों में गर्म ईंटों का एक लंबा चबूतरा बना होता था जिसे कांग (कोरियाई भाषा में, ऑन्डोल) कहते हैं और जिस पर लोग काम व मनोरंजन करते तथा सोते भी थे। 1950 के शुरू दशक में जब सार्वजनिक तापन प्रबंध किया जाने लगा, उससे पहले हज़ारों सालों से उत्तरी चीन के लोग कांग द्वारा ही अपने घरों को गर्म रखते थे।

कांग, ईंट या अन्य अग्नि प्रज्वलित मिट्टी से बना होता है। कांग के भीतर का खोखला भाग अक्सर पेचिदा गर्म हवा का निकास तंत्र होता है जो बगल रसोई में लकड़ी के चूल्हे से गर्म हवा के प्रवाह की निकासी करता है। इससे, बिछे कांग के भीतर से गुजरती गर्मी घर में देर तक बनी रहती है। प्रचलित कांग करीब आधा या एक-तिहाई कमरे में फैला होता है और निवासी रात को उस पर सोते और दिन में अन्य गतिविधियां करते हैं। लेकिन चूंकि चूल्हे को रात भर नहीं जलाये रखा जा सकता है, सो करीब मध्य-रात्रि को कांग ठंडा होने लगता है। समाज में तेज़ बदलाव व विकास के साथ, कांग तापन विधि आधुनिक जीवन की जरूरतों को पूरा नहीं कर पाती है। साथ ही, गर्मी के लिए कोयला व पुआल जलाना अब अकुशल साबित हो रहा है और कांग में तापमान की निरंतरता बरकरार रखना भी मुश्किल जिससे वह या तो कभी अत्याधिक गर्म या कभी कम गर्म हो जाता है।

1970 के दशक में चीनी सरकार व्यापक स्तर पर केन्द्रिक तापन प्रणाली विकसित करने लगी। आज, उत्तरी चीन के अधिकांश इलाकों में, पर्यावरण की दृष्टि से उपयुक्त यह केन्द्रिक तापन तंत्र स्थापित कर दिया गया है। यह जाड़े भर गहन शीत में, कमरों में निर्विघ्न गर्माइश उपलब्ध कराती है जिसमें घर के अंदर की गतिविधियों के लिए भी पर्याप्त जगह बनी रहती है।

आज उत्तर-पूर्वी चीन के लोग अपने एक-मंजिला घरों की जगह पानी, गैस व केन्द्रिक तापन से लैस बहुमंजिला इमारतों में रहने लगे हैं। अपने घरों के फर्श का तापमान 18 डिग्री सेल्सियस पर रखते हुए वे अपने कमरों में सभी कामों के साथ जीवन की गरमाईश का आनंद उठा रहे हैं।

◆ उत्तर-पूर्वी चीन में एक पारंपरिक कांग का चित्र
(स्रोतः www.microfotos.com)

◆ चांगचुन में केन्द्रिक तापन प्रणाली, जिलिन प्रांत, 2012
(स्रोतः सी.एफ.पी.)

आधुनिक समुदाय

1980 के दशक में, चीन में शहरवासियों के लिए एक ''कल्याणकारी आवासीय'' नीति लागू की गई थी। कंपनियों व संस्थानों ने, मेहनताना पैकेज के तहत अपने कर्मचारियों को फ्लैट्स वितरित किए, जिनके लिए नए मालिकों को कोई भी पैसा नहीं देना पड़ा। उस समय एक आम कथन चल पड़ा था कि ''लोग अपने आवास के लिए सरकार की कल्याणकारी नीति पर निर्भर हैं।'' ये आवास, एक-मंजिला फ्लैट, छोटे-छोटे बाड़े नुमा या निम्न चंद-मंजिला इमारतों में फ्लैट थे। सरकार व नियोजक, लोगों की बेहतर होती आर्थिक स्थिति व जनसंख्या वृद्धि की वजह से आवास की मांग में तीव्र उछाल पर त्वरित समाधान देने में असफल रहे। फलस्वरूप, 1980 के दशक के उस दौर में, व्यवसायिक आवासीय निर्माण का उभार हुआ।

खूबसूरत औद्यानिक आवासीय समुदाय
(स्रोतः www.microfotos.com)

आवासीय सुधार नीतियों तथा भू-संपति◆ बाजार के विकास के चलते आवासिक माहौल व आवासीय पद्धतियों में बहुत निखार आया। आज, आवास के नित नए स्वरूप, जैसे बहुमंजिला इमारतें, पैंटहाउस, दुमंजिला एकल घर, औद्यानिक सामुदायिक रिहाईशें व भव्य इमारतें लोगों के जीवन का हिस्सा बन चुके हैं।

लेकिन, खासकर व्यवसायिक आवासों की कीमतों में उत्तेजक उछाल से, इस तरह की भू-संपत्तियां निम्न-आय वर्ग की पहुंच से बाहर हो गयी हैं। इस वर्ग के आवासीय माहौल को बेहतर करने के लिए, सरकार ने सस्ते व कम-लगान आवासीय परियोजनाओं को शुरू करने के लिए विशेष आवासीय नीति लागू की। सरकार के नियत सुधार व विवेकशील प्रबंधन से अधिक परिवार

इस नीति का फायदा ले सके हैं।

आज लोगों को सिर्फ सिर ढकने के लिए घर नहीं चाहिए। वे आवासिक माहौल को लेकर पहले से अधिक जागरूक हैं और सामूदायिक स्तर पर हरे-भरे या पर्यावरण दृष्टि से अनुकूल माहौल में रहना चाहते हैं। लोगों की इन अपेक्षाओं को संबोधित करने के लिए अनुरूपी सामुदायिक सेवा प्रणाली स्थापित की गयी है जैसे मुहल्ला समितियों, भू-मालिक समितियों, भू-प्रबंधन समितियों, आदि का गठन। भू-मालिकों व निवासियों को तथा सामुदायिक मंचों पर नियमित जानकारी देने के लिए इंटरनेट का भी बखूबी इस्तेमाल किया जाता है। चीन में तेज़ी से बढ़ते शहरीकरण से, निकट भविष्य में अधिक आधुनिक, पर्यावरणीय अनुकूल व औद्यानिक आवासीय समुदायों में निश्चय ही बढ़ोत्तरी होगी।

◆ आवासीय समुदाय में संगीत समारोह
(स्रोतः www.microfotos.com)

नया देहात

चीन में आधी से अधिक जनसंख्या देहात में रहती है। विश्व की 7 प्रतिशत कृषि-योग्य ज़मीन पर चीन के किसानों नें विश्व की 22 प्रतिशत जनसंख्या के लिए भोजन पैदा किया है। हाल के दशकों में, किसानों के जीवन-स्तर तथा उनके आर्थिक व पारिस्थितिक माहौल को बेहतर करने के लिए चीन की सरकार ने खासे व्यापक प्रयास किये हैं। 2006 में सरकार ने खेती-किसानी पर राजस्व खत्म किया जो कि 200 सालों से भी अधिक समय से चला आ रहा था। साथ ही, अनिवार्य शिक्षा का ग्रामीण इलाकों में विस्तार किया जिसके तहत विद्यार्थियों को पढ़ाई व अन्य फीस देने से मुक्त किया गया है। चीन की सरकार ने देहातों में बुनियादी संरचनात्मक निर्माण के लिए छ खरब युआन का निवेश किया है जो कि लगभग उतना ही है जितना राष्ट्रपति ओबामा ने संयुक्त राज्य अमरीका में 2008 के वित्तीय आपदा से निबटने के लिए किये थे।

तीस साल पहले, सुधार व उदार नीति के क्रियान्वयन के बाद से, चीन विश्व की दूसरी सबसे बड़ी अर्थ-व्यवस्था बन गया है। इस दौरान किसानों की प्रति व्यक्ति आय में 30 गुणा बढ़त हुई है और प्रति व्यक्ति आवासीय क्षेत्रफल आठ वर्गमीटर से बढ़कर 30 वर्गमीटर हुआ है। पिछले दो-तीन सालों में तो, ग्रामीण इलाकों में आय की वृद्धि दर, शहरी इलाकों से भी आगे निकल गयी है। आज, देश में सड़क निर्माण, बिजली, नल पर पानी, प्राकृतिक गैस ईधन व टेलिफोन का विस्तार 95 प्रतिशत देहाती क्षेत्रें में फैल गया है। चीन के देहात में घूमने के लिए आये विदेशी पर्यटकों को अचरज़ नहीं होना चाहिए अगर स्थानीय किसान उनसे संयुक्त राज्य अमरीका में राष्ट्रपति चुनावों या वहाँ की लोकप्रिय बास्केटबॉल प्रतियोगिता एन.बी.ए. के बारे में चर्चा करने लगें।

संपन्न हुआशी गांव

जियान्गसू प्रांत के जियान्गयीन शहर के पूर्व में स्थित हुआशी गांव, चीन के सर्वाधिक संपन्न गांव के तौर पर जाना जाता है। उसकी प्रति व्यक्ति आय चीन के शहरों में रह रहे लोगों की प्रति व्यक्ति आय से दस गुणा अधिक है। हुआशी गांव के लोग बड़े, आलीशान घरों में रहते हैं, आधुनिक सुविधाओं से लैस कारों में सफर करते हैं और सर्वभौम स्वास्थ्य सेवा, नर्सिंग, पेंशन व सामाजिक सुरक्षा का लाभ उठाते हैं। गांव में विधवाएं, विदुर या बुजुर्ग लोग जो अकेले रहते हैं उनकी अच्छी देखभाल की जाती है। मनोरंजन, खेल, खरीदारी व सैर-सपाटा की बेहतरीन सुविधाएं आसानी से उपलब्ध होने की वजह से, गांववालों की औसत सालाना आय, शहरी नागरिकों से दस गुणा ज्यादा है। अक्टूबर 2011 में निर्मित, 328 मीटर ऊंचा लांग्सी अंतर्राष्ट्रीय होटल, हुआशी गांव का एक सीमाचिन्ह बन गया है। ऊपर, हवा से नीचे देखो तो पूरा गांव एक शहर की तरह दिखता है।

अविश्वसनीय लगता है, लेकिन हुआशी गांव का इतिहास सिर्फ 50 साल पुराना है। 1961 में निर्मित पूर्वी चीन का गरीब ग्रामीण किसान समुदाय का यह गांव पिछले 20 या 30 सालों में ही मज़बूत अर्थव्यवस्था वाला एक आदर्श समुदाय के रूप में उभरा। इस गांव में लौह व स्टील, कपड़ा, निर्माण व पर्यटन से जुड़े 70 से अधिक औद्योगिक उपक्रम स्थित हैं। गांव की सामुदायिक

◆ हुआशी गांव का एक घर (स्रोतः वीटू)

◆ आसमान से हुआशी गांव का नज़ारा
(स्रोतः सी.पी.एफ.)

संपत्ति 30 अरब युआन से अधिक है। आज हुआशी गांव एक लोकप्रिय पर्यटक स्थल बन गया है जहाँ अकेले 2013 राष्ट्रीय दिवस की छुट्टियों में रोज़ाना 30 हज़ार सैलानी आते हैं।

हाल के बरसों में, पड़ोस के 20 गांव जुड़कर हुआशी गांव को एक वृहद परिवार का स्वरूप देते हैं, जिसकी कभी मूल 300 परिवारों वाले की जनसंख्या बढ़कर अब 40,000 हो गयी है। *द गार्डियन* अख़बार की पूर्व एशिया प्रशाखा के अध्यक्ष व संवाददाता जोनाथन वॉट्स अप्रैल

2005 में हुआशी गांव आये व कहा, "मैं कई देशों में घूमा हूं और कई समृद्ध गांव भी देखे हैं, लेकिन मैंने हुआशी जैसा सार्वभौमिक खुशहाली वाला कोई गांव नहीं देखा।"

गांव में एक घर के फाटक पर लिखा यह छंद, हुआशी गांव की जीवनशैली का बखूबी चित्रण करता है – इस शांत, सुरम्य शरण में, लगता है धरती पर स्वर्ग है।

चीन की एक झलक – एक अमरीकी पत्राकार के नज़रिये में चीनी गांव

अमरीकी पत्रकार व फिल्म निर्माता व्लादमीर बीबिक, श्यान शहर के बाकियाओ जिले में शिवांग कस्बे के अंडी गांव के एक परिवार के यहाँ पिछले तीन दशकों में तीन बार आ चुके हैं। 1987 में जब बीबिक पहली बार आये तो उन्होने परिवार के साथ तीन दिन बिता कर उनके दैनिक जीवन को रिकार्ड किया। वह चीन में लागू सुधार व उदार नीति का शुरुआती दौर था और वह परिवार प्याज़ उगा कर व मंडी में बेच कर अपना जीवनयापन करता था।

बीबिक दस साल बाद, 1997 में दूसरी बार आये। तब तक वह परिवार एक पांच-मंजिला इमारत में रहने लगा था जिसके बगीचे में फूल खिल रहे थे। उनके घर से श्यान शहर तक एक प्रमुख सड़क बिछी थी।

उसके फिर दस साल बाद, 2007 में बीबिक तीसरी बार परिवार से मिलने आये। परिवार के पास अब तीन वाहन थे जिन्हें वे किराये पर चलाते थे और परिवहन के व्यवसाय में अच्छा पैसा कमा रहे थे। उनकी जीवनशैली शहरी निवासियों से बहुत अलग नहीं थी। पिछले तीस बरसों में ग्रामीण जीवन में निरंतर बदलाव को देखने के बाद, बीबिक ने कहा, "यह कहना मुश्किल है कि अगले दस सालों में चीनी गांवों का स्वरूप क्या हो जाएगा!"

एक कुशल आधुनिक कृषि क्षेत्र – हुएयुअन गांव

मध्य ज़ेजियांग प्रांत के डौंगयांग शहर का 600 साल पुराना हुएयुअन एक खस्ताहाल गांव के तौर पर जाना जाता था जहाँ 1949 से पहले सिर्फ 183 परिवार की रहते थे। वहाँ ज़मीन बंजर व मिट्टी फसल उगाने के लिए अनुपजाऊ थी और पानी के गंभीर संकट से ग्रस्त गांव वाले अपने पीने का पानी पड़ोसी गांवों से लाने के लिए मज़बूर थे। सुधार व उदार नीति के कार्यान्वियन के बाद गांव के कुछ अच्छे दिन आने लगे। स्थाई औद्योगिक विकास से शुरुआत कर, गांव को उच्च-तकनीकी की ओर प्रवृत कर परिवर्तन को गति दी गई व उसे एक आधुनिक, अत्याधिक कुशल कृषि क्षेत्र में विकसित किया गया। 2003 में, चीनी विज्ञान अकादमी के सहयोग से, हुएयुअन गांव में अंतर्राष्ट्रीय एकाधिकार को तोड़ते हुए, विटामिन-डी3 की व्यवसायिक उत्पादन परियोजना शुरू की गई। तब से अब, यह गांव विश्व में विटामिन डी3 का सबसे बड़ा उत्पादन क्षेत्र बन गया है जिसका 80 प्रतिशत उत्पादन यूरोप व अमरीका को निर्यात होता है।

आज, हुएयुअन गांव एक आधुनिक, अति-गुणकारी पारिस्थितिक खेती विकसित करने की दिशा में अग्रसर हो रहा है। बंजर भूमि की समस्या का समाधान करते हुए, कांच व प्लास्टिक के हरिततापगृह से युक्त गांव में 1000 एम.यू. (1 एम.यू. बराबर 666.7 वर्ग मीटर) से अधिक ज़मीन अति सफल कृषि क्षेत्र में परिवर्तित कर दी गई है जहाँ साल-भर ताज़ी सब्जियां व फलों का उत्पादन होता है। इसके अलावा, गांव में जैवऔषधि, कपड़ा, खाद्य प्रसंस्करण (सूअर के गोश्त के पदार्थ से संबंधित), इलेक्ट्रॉनिक उपस्कर, स्याह-काष्ठ फर्नीचर व भू-संपत्ति विकास आदि से जुड़े करीब 200 विशेषज्ञ उपक्रम चल रहे हैं।

इन उच्च-तकनीकी वाले उद्योगों की वज़ह से गांव में जीवन का माहौल बहुत बेहतर हुआ है। गांव ने एक कचरा निष्पादन केन्द्र और 120 एम.यू. में फैला एक विश्राम-स्थल ताईशान किसान पार्क बनाया है। गांव की सैन-सफाई के लिए बागबानी कंपनियां व सफाई सेवाएं भी स्थापित की गई हैं। गलियों व सड़कों पर सिगरेट या कागज़ का एक भी टुकड़ा नहीं दिखता और सार्वजनिक सुविधाओं साफ-सुथरे व उनका बेहतर रख-रखाव होता है। गांव के लोग ऐसी-ऐसी सुविधाओं व सेवाओं का लाभ उठाते हैं जो सब शहरवासियों को भी मुहैया नहीं होंगी – जैसे, डिज़ीटल टीवी कार्यक्रम, टेलिफोन सेवाएं व स्वास्थ्य बीमा, जो सब गांव संगठन द्वारा सुनिश्चित की जाती हैं। गांव में एक वाचनालय भी है जिसमें 30,000 से ज्यादा किताबें हैं और किंडरगार्टन से ही स्कूल-जाते बच्चों के लिए पढ़ाई व अन्य फीस में 50 प्रतिशत अनुदान मिलता है। गांववालों को वैधानिक पेन्शन के अलावा अतिरिक्त पेन्शन, आवास अनुदान, स्वास्थ्य बीमा व भूमिहीन किसानों को भत्ता आदि सुविधाएं भी अधिकारिक तौर पर मिलती हैं।

80 वर्षीय जैंग बांगहुओ, बुजुर्गों के लिए एपार्टमैंट भवन में पिछले चार साल से निशुल्क

◆ हुएयुअन गांव में 2011 में मछली पकड़ने की प्रतियोगिता (स्रोतः सी.एफ.पी.)

रह रहे हैं। इस इमारत में प्रत्येक कमरे में वातानुकूलित संयंत्र, टेलीविज़न व फोन सेवाएं उपलब्ध हैं। स्वास्थ्य सेवा दल उनकी जांच के लिए रोज़ आता है। जैंग कहते हैं, ''मुझे जिस-जिस चीज़ की जरूरत होती है, सब यहीं उपलब्ध हैं। यही मेरा घर है।''

25 वर्षीय शाओ फ़े, विश्वविद्यालय में स्नातक कर लेने के बाद हाल ही में अपने गृह-शहर लौटी है। वो कहती है, ''शहर में जो कुछ मिल सकता था व उससे भी अधिक मैं यहीं उन सब का आनंद उठा सकती हूं। बेशक मैं यहाँ लौटना चाहती थी।''

विशिष्ट सजातीय लक्षणों से सुसज्जित निवास

चीन में कई अलग-अलग सजातीय समूह रहते हैं जो अपने विशिष्ट इतिहास, भूगोल व सांस्कृतिक पृष्ठभूमि तथा अपने आवासीय शैलियों में विविधता लिए हुए हैं। बेशक कई लोग अब आधुनिक इमारतों में रहने लगे हैं लेकिन आज भी कई हैं जो अपने विशिष्ट सजातीय शैली वाले पारंपरिक घरों में ही रहना पसंद करते हैं।

हाक्का तूलोऊ (या फुजियान तूलोऊ)

हाक्का तूलोऊ के बारे में एक किवदंति मशहूर है। 1985 की बात है: अमरीकी राष्ट्रपति रौनल्ड रीगन को दक्षिणी चीन में संदिग्ध भूमिगत आणविक तहखाना को लेकर, सुरक्षा गुप्तचर एजन्सी की रिपोर्ट मिली। रिपोर्ट के अनुसार, ''आज यू.एस. उपग्रह के.एच.22 ने चीन के ऊपर से सात बार उड़ान भरी और आणविक तहखानों की शक्ल के, खुम्भी के आकार के 1500 से अधिक भूमिगत भवन पाये। उपग्रह, ऊंची इमारतों के आरपार तो देख सका लेकिन उनके भीतर क्या है, यह नहीं जान पाया। अनुमान है कि चीन अपने आणविक विकास के

◆ एक तूलोऊ के भीतर लंबा गलियारा

◆ फुजियान प्रांत में हाक्का तूलोऊ समूह

उच्च चरण तक पहुंच गया है।'' जिन इमारतों को आणविक तहखाने होने का संदेह किया गया था, वे वास्तव में हाक्का तूलोऊ निकले।

हाक्का तूलोऊ (शब्दार्थ, ''हाक्का मिट्टी की इमारतें'') वास्तव में दक्षिणपूर्वी चीन के फुजियान, ग्वांगडौंग व ज्यांगशी प्रांतों के पहाड़ी इलाकों में बसे हाक्का लोगों के विशिष्ट शैली में बने घर हैं। ये तूलोऊ आमतौर पर मिट्टी को सख्त कूट-कूट कर वज़न सह सकने लायक बनी दीवारों से बने तीन से पांच मंजिला ऊंची किलेनुमा इमारतें होती हैं। प्रत्येक इमारत में सैकड़ों लोग रह सकते हैं।

हाक्का लोग, हान चीनी जाति समूह के हैं जो इतिहास में युद्ध व अशांति के विभिन्न कालों में दक्षिण की ओर देशांतर कर यहाँ आ के बसे। ये तूलोऊ उन्हीं के द्वारा खुद बनाये हुए थे जो जाति विशेष समुदाय के लोगों के सहज पारंपारिक साम्प्रदायिक जीवन के लिए उपयुक्त थे। मिट्टी के ये घर, आक्रमण व अनाधिकार प्रवेश करने वालों के खिलाफ पूर्ण सुरक्षा प्रदान करते थे।

तूलोऊ मुख्यतः तीन आकार के होते हैं – गोल, चौकोर व वूफैंग (शब्दार्थ, ''पांच अमरपक्षी'')। फुजियान प्रांत के यौंगडिंग जिला में स्थित चैनक्वीलाओ, गोल शैली की सर्वाधिक प्रातिनिधिक इमारत है। यह एक विशाल गोलाकार इमारत है जिसके बीचों-बीच एक पैतृक कक्ष है और उसको चारों ओर तीन सकेन्द्रित घेरे। बाहरी दीवार डेढ़ मीटर मोटी व 12.4 मीटर ऊंची है जो

◆ एक गोलाकार तूलोऊ ढांचे का चित्र

किसी भी आक्रमण को रोकने में सक्षम है। भवन पूरी तरह हवादार है तथा उसमें भंडारण, पानी के कुंओं, चक्की, जल-निकास तंत्र व विशेष रूप से अग्निरोधक प्रणाली सुविधाओं की पूरी व्यवस्था है। पूरी तरह आत्म-पर्याप्त, तूलोऊ निवासी इमारत के अंदर रहते हुए अपने दुश्मनों का मुकाबला कर सकते थे।

हर इमारत में दो-तीन घेरों में 200 तक कमरे होते हैं, जिसमें बाहरी घेरा 10 मीटर ऊंचा व तीन-चार मंजिला होता है। रसोई व खाने का कमरा भूतल में होते हैं, अनाज भंडार दूसरी मंजिल पर तथा शयनकक्ष तीसरी व चौथी मंजिल पर। दुमंजिला भीतरी घेरे में दर्जनों मेहमान-कक्ष होते हैं। अंदर की ओर, पैतृक कक्ष के चारों ओर एक बंद, गोलाकार गलियारा होता है। पैतृक कक्ष सार्वजनिक होता है जो अक्सर शादी समारोहों व अंतिम संस्कारों के लिए इस्तेमाल किया जाता है।

अधिकांश हाक्का लोग किसान हैं। खेती के व्यस्त मौसम में, आदमी व औरत, बच्चे व बूढ़े, सभी बाहर खेतों में काम करने जाते हैं। हाक्का महिलाएं अति मेहनतकश होती हैं और वे सभी काम करती हैं जिन्हें अमूमन ''पुरुषों का काम'' कहा जाता है जैसे खेत जोतना, पहाड़ पर से लकड़ियां काट कर लाना, चायपत्तियां बिनना या चाय बनाना। जब पुरुष वर्ग काम के लिए शहर जाते हैं तो महिलाएं ही खेती की सब कामों की पूरी जिम्मेदारी उठाती हैं।

दियाओजियाओलू

दियाओजियाओलू (शब्दार्थ, ''लटका अटारी''), चीन के दक्षिण-पश्चिम प्रांतों के गर्म, आर्द्र, बारिश वाले पहाड़ियों में बसे मिओ, जुआंग, कूयी, डौंग व टूजिया प्रजातीयों के खास वास्तुशैली वाले घर हैं।

इन घरों में पहाड़ी की ओर या पानी (छोटी नदी या नाला) के ऊपर निर्मित अटारी फर्श कुछ आगे तक बढ़ाया हुआ होता है। ज़मीन से ऊपर उठे इन दियाओजियाओलू के कई फायदे होते हैं। लोगों को जंगली जानवरों का खतरा नहीं रहता तथा ज़मीन की आर्द्रता से भी बचे रहने से वे कई नमीं से होने वाली बीमारियों से सुरक्षित रहते हैं। साथ ही, ज़मीन से ऊपर होने से, ये घर हवादार होते हैं और रौशनी भी काफी रहती है जिससे लोग महीन दस्तकारी का काम या उजाले का आनंद ले सकते हैं। बेशक, ढलान पर स्थित और लकड़ी के खम्भों पर (ऊबड़-खाबड़ भू-भाग के कारण बगैर नींव के) टिके होने की वजह से बरामदे वाले ये तिमंजिला घर बाहर से अस्थिर जरूर दिखते हैं लेकिन वास्तव में काफी टिकाऊ व सुरक्षित होते हैं। घर के नीचे, भू-तल पशु का बाड़ा या खेती के औजार का भण्डार या ईधन रखने के काम आता है, जबकि दूसरी मंजिल परिवार की दैनिक गतिविधियों के लिए होता है। तीसरी मंजिल अमूमन भूसा रखने के लिए होता है, हालांकि कुछ लोग उसे लड़कियों के पढ़ने व कशीदाकारी के लिए रखते हैं। दूसरी व तीसरी मंजिल की

◆ हुनान प्रांत के प्राचीन फेंगहुआंग शहर में दियाओजियाओलू

खिड़की-दरवाज़ों के बाहर बरामदे कपड़े धोने व अनाज सुखाने के काम आते हैं।

टूजिया प्रजाति में तो दियाओजियाओलू का निर्माण-कार्य अपने-आप में गांव में एक बड़ा काम होता है। गांव के एक आदरणीय बुजुर्ग आ कर घर बना रहे परिवार को आशीर्वाद देने व उनके सुख, खुशहाली व शांति की प्रार्थना करने आते हैं। जब ऊपर की शहतीर धरी जाती है तो परिवार शुभकामनाएं देने आये रिश्तेदारों व परिजनों में मिठाई, खरबूजे की बीज व बन बांटता है। टूजिया दियाओजियाओलू में जो अनूठा होता है, वह है उनका बड़ा कमरा जिसे ''अग्नि कक्ष'' कहते हैं जहाँ ज़मीन की ओर नीचे की तरफ एक तांग (सिगड़ी या आग का खड्डा) होता है जिस पर आग से कमरा गर्म रहता है और उस पर खाना बनाया व उसके इर्द-गिर्द बैठ परोसा भी जाता है।

◆ टूजिया प्रजाती का एक दियाओजियाओलू (स्रोतः www.microfotos.com)

मंगोलयाई यर्ट (तंबू)

प्राचीन मंगोलियाई प्रजातीयां आज भी उत्तरी चीन में सुदूर मंगोलिया के विशाल घास मैदानों में निवास करते हैं। खेती व पशुपालन से अपना जीवनयापन करने वाले ये समूह अपने गीत-संगीत, नृत्य व कुश्ती के लिए जाने जाते हैं। उनका सबसे अधिक प्रचलित आवास, कई मीटर व्यास का गोलाकार ''यर्ट'' (तंबू) होता है जो छतरी के आकार में लकड़ी के पंजर पर ऊनी कपड़े से ढका होता है। छोटे से छोटे यर्ट का व्यास तीन मीटर होता है जिसमे करीब 20 लोग आराम से रह सकते हैं। बड़े यर्ट में तो सैकड़ों लोग तक रह सकते हैं।

खानाबदोश लोगों का यह मूलतः लकड़ी व ऊन से अलग-अलग हिस्सों में बना, गोल छत वाला आवास असानी से खड़ा किया जा सकता है और उतनी ही आसानी से खोल कर स्थानांतरित भी कर दिया जाता है। तबूं के अंदर बीच में एक बड़ा सा चूल्हा होता है जिस पर खाना बनाया

◆ मंगोलियाई यर्ट

◆ मंगोलियाई यर्ट के भीतर (स्रोतः www.microfotos.com)

जाता है और जो कमरे को गर्म भी रखता है। गाय के चमड़े व ऊन की दरियां व कालीन फर्श को ढकी होती हैं और किनारों पर दराज़, बक्से व अन्य फर्नीचर पंक्ति से लगे होते हैं जिससे कमरे में आरामदायक जगह बनी रहती है।

चूंकि ये मंगोलियाई खानाबदोश लोग, घास के मैदानों की कठोर मौसमीय परिस्थितियों में प्रचुर घास व पानी की तलाश में साल भर अधिकांश एक जगह से दूसरी जगह विचरते ही रहते हैं, और उन्हें ऐसे आवास की ज़रूरत होती है जिन्हें कोई छोटा या कमज़ोर व्यक्ति भी आसानी से खड़ा व उतार सके। ऐसे में, उनका यर्ट एक आदर्श आवास होता है। साथ ही, इन बर्फीले, खुले मैदानों में जहाँ तेज़ हवाएं चलती हैं, यर्ट के गोलाकार छत बारिश के पानी की निकासी बेहतर करते हैं जबकि मज़बूती से कसा गया तंबू का बाहरी आवरण, तूफानी हवा (ग्रेड 10, दबाव 1000-1500 किलो) में भी उसे स्थिर रखता है।

आज, चूंकि इन मंगोलियाई पशुपालकों में खानाबदोशी में कमी आयी है, अब स्थाई यर्ट भी काफी बनाये जाने लगे हैं। इनका आकार तो पारंपरिक ही होता है लेकिन वे अलग सामग्रियों – अधिकांश लकड़ी व मिट्टी से बनाये जाते हैं।

3

परिवहन में परिवर्तन

3 अगस्त 2007 की सुबह, चांगलू, टियाजिन के नमक कार्य-स्थल से समुद्र के रास्ते दस हज़ार टन नमक रवाना हुआ जो 4 अगस्त की शाम को शंघाई पहुंचा।

20 अगस्त 2009 की शाम, ताईवान में हुआलिन शू ची अस्पताल के अस्थि मज्जा मूल कोशिका विभाग के डाक्टरों व सहयोगियों ने शियामैन एयरलाइन 'की' से फुजियान यूनियन अस्पताल पहुंचे और अगली सुबह तक मज्जा दो मरीज़ों में प्रतिरोपित कर दिया गया था।

29 दिसंबर 2012 बीजिंग में काम कर रहे कोई श्रीमान् झैंग अपने गृह शहर नैनजिंग जा रहे थे। राजमार्ग के रास्ते वे एक घंटे से भी कम समय में अपने गंतव्य पहुंच गये।

परिवहन संजाल व वाहनों के आधुनिकीकरण में विकास ने लोगों के जीवन को प्रभावशाली रूप से बदल दिया है।

सस्ते पारिवारिक वाहन

1950 के दशक से लेकर 1970 के दशक तक, चीन में लोग आने-जाने के लिए साईकिल का ही सर्वाधिक प्रयोग करते थे। 1980 के दशक के आते-आते साईकिल की जगह मोटरसाईकलों ने ले ली। 1990 के दशक में, देश की अर्थ-व्यवस्था तथा शहरी परिवहन में सुधार के चलते कुछ परिवार कारों का इस्तेमाल करने लगे थे। तब से व्यक्तिगत कारों की संख्या में इतनी तेज़ी आई कि 2012 तक 1 करोड़ 10 लाख निजी वाहन पंजीकृत हो चुके थे और शहरी आबादी के 20 प्रतिशत लोगों के पास अपने वाहन थे। अनुमान है कि 2020 तक यह आंकड़ा 50 प्रतिशत तक पहुंच जाएगा।

पारिवारिक कारों का इस्तेमाल दैनिक काम पर जाने के लिए और सप्ताहंत व पारिवारिक छुट्टियां मनाने के लिए किया जाता है। बड़े व मध्यम शहरों में सप्ताहांत में शहर से बाहर घूमने जाना आम हो गया है। खबर है कि 2012 में राष्ट्रीय दिवस के अवकाश के दिन मौज-मस्ती के

लिए, सार्वजनिक परिवहन सेवा के अलावा, 30 करोड़ लोग अपने निजी वाहनों से गये।समाज में इस तरह बदलावों के मद्देनज़र सरकार ने व्यापक स्तर पर तदनुसार परिवहन सुविधाएं विकसित की हैं। आज लोगों के पास यातायात के लिए पहले से कहीं ज्यादा विकल्प मौजूद हैं जैसे, बस, विद्युत दुपहिया वाहन, टैक्सी, मैट्रो, हवाई जहाज़, अंतर्वति रेल, रेल व तेज़-रफ्तार रेल।

दुनिया भर में पर्यावरण संरक्षण को लेकर चिंता के चलते, आज अधिक लोग ''हरित परिवहन'' पहल का समर्थन कर रहे हैं। आज कई कार-मालिक काम पर अपने निजी वाहनों के बजाय हफ्ते में एक या दो दिन साईकिल अथवा पैदल चल कर जाना पसंद कर रहे हैं। यह बड़े शहरों में एक नया प्रचलन है जो शहरों में प्रदूषण को कम करने में सहयोगी साबित हो रहा है।

◆ बीजिंग की सड़कों पर गाड़ियां
(स्रोतः www.microfotos.com)

परिवहन के विभिन्न साधन

◆ **काली सायबान किश्ती** (स्रोतः www.microfotos.com)

पूर्वी चीन के शाओशिंग में जल-परिवहन का पारंपरिक साधन बांस की बारीक पट्टियों के सायबान वाली, चमकीले काले रंग में रंगी किश्ती है। हालांकि यह किश्ती छोटी ही होती है – चार मीटर लंबी व एक मीटर चौड़ी – उसमें तीन कक्ष होते हैं। इस हल्की, छोटी किश्ती की एक रोचक बात यह है कि उसका मांझी चप्पू अपने पांवों से चलाता है और हाथों से किश्ती की दिशा को नियंत्रित करता है।

◆ **मंगोलियाई शैली की लेले गाड़ी**

(स्रोतः www.microfotos.com)

लेले गाड़ी मंगोलियाई शैली की बैल या घोड़ा गाड़ी होती है जिसे ''जिगर गाड़ी'' या ''बैल/घोड़ा गाड़ी'' भी कहते हैं। यह लकड़ी से सरल-साधारण बनी गाड़ी है जिस पर कुछ बोगियां रस्सी से शृंखलाबद्ध बंधी होती हैं। यह सुदूर मंगोलिया के घास के मैदानों की कुदरती परिस्थितियों के लिए विशेष आकार-प्रकार की निर्मित होती है। अतीत में, पशुपालक, सामान ढोने व आने-जाने के लिए इन्हीं गाड़ियों का इस्तेमाल करते थे।

◆ **बर्फ पर चलने वाली घोड़ा गाड़ी**

(स्रोतः www.microfotos.com)

उत्तरी चीन में आने-जाने के लिए, बर्फ पर चलने वाली घोड़ा गाड़ी एक प्रमुख साधन है। इस छोटे, हल्के, आकर्षक वाहन में पहिये नहीं बल्कि लकड़ी की फट्टियां होती हैं जो बर्फ पर आसानी से फिसलती हुई चलती हैं।

◆ **रज्जू वाहन**

याक के बाल के रेशों, बेंत या स्टील से बना रज्जू वाहन, नूजियांग क्षेत्र में रह रहे अल्पसंख्यक समूहों के आने-जाने का मुख्य साधन है, खासकर उफनती नदियों को ऊपर से पार करने के लिए।

सुविकसित मार्ग संजाल

एक प्रचलित चीनी कहावत है, ''अगर तुम समृद्ध होना चाहते हो तो पहला काम तुम्हें अपने निवास-स्थान से बाकी दुनिया को जोड़ने के लिए सड़क बनाना होगा।'' हाल के वर्षों में, अर्थव्यवस्था को बढ़ावा देने व लोगों को सुविधाजनक परिवहन मुहैया कराने के लिए सरकार ने शहरी रेल पारगमन, राजमार्ग, रेल व द्रुत-गति की रेल निर्माण के अपने प्रयासों को तेज़ किया है। शहर व देहात के इलाकों के बीच बेहतर संपर्क के लिए, ग्रामीण इलाकों में सड़कों का जाल विकसित किया गया है।

देहात में सड़कों का संजाल

कुनलुन पहाड़ी पर शिनजियांग स्वायत्तशासी क्षेत्र के येचेंग में शीहीशियू कभी एक सुदूर, अलग-थलग पड़ा कस्बा हुआ करता था जहाँ कोई एकमात्र सड़क उसे पड़ोसी गांवों से जोड़ती थी। लोगों की दैनिक आवश्यकताओं की चीज़ें ऊंट, याक व गधे पर लाद कर लाये जाते थे। लेकिन इधर अक्टूबर 2013 तक शिनजियांग स्थानीय सरकार ने 5495 कि.मी. सड़के बिछा दी थीं जिससे 25 कस्बों व 450 गांवों के 10 लाख लोगों को आने-जाने की सुविधा बेहतर हुई। फसल के समय, किसान इस चिंता से मुक्त हुए कि उनका अनाज व गोभी की सब्ज़ी समय से पहुंचा दी जाएगी कि नहीं, और उनकी खेतों की उपज से आमदनी में भी बड़ोतरी हुई।

2003 के बाद से, चीनी सरकार नें देहात में सड़क निर्माण में निवेश बढ़ाया है जिससे 1000 व 140,000 गांवों के लोगों की आवत-जावत की समस्या का समाधान हुआ। सड़कों के इस नए संजाल के निर्माण से 90 करोड़ किसानों को यहाँ-वहाँ जाने में सुविधा हुई। देहात में ये दो-तरफा चौड़ी सड़कें कृषि आधुनिकीकरण व सार्वजनिक मशीनीकरण में सहयोगी हुई हैं, जिससे किसानों व उनके वाहनों का चलना सुरक्षित व सुविधाजनक हुआ है।

◆ शैनदोंग प्रांत के वीहाय में देहाती सड़क संजाल का आकाश से नज़ारा (स्रोतः www.microfotos.com)

शहरी रेल पारगमन संजाल

बीजिंग में उत्तर से दक्षिणी छोर तक या शहर के किसी भी कोने तक मेट्रो से जाने में सिर्फ 2 युआन लगते हैं। अक्टूबर 1969 में रेलमार्ग 1 की शुरुआत के बाद इन लगभग 40 सालों में 20

से अधिक मेट्रो तंत्र स्थापित कर लिए गए हैं। ये सुविककिस शहरी रेल पारगमन संजाल कुल 400 किलोमीटर से अधिक है।

चीन के आर्थिक विकास व शहरीकरण में तेज़ी से, रेल पारगमन तंत्र, पारगमन संजाल का महत्त्वपूर्ण हिस्सा बना है। सुरक्षित, सुविधाजनक, ठसाठस वाहनों से बाधित यातायात से मुक्ति तथा पर्यावरण की दृष्टि से बेहतर होने की वजह से लोगों को यातायात में समाधान हुआ है। 2012 के आखिर तक, चीनी मुख्य-भाग के 17 शहरों में, 2008 किलोमीटर की दूरी तय करते 64 रेल पारगमन मार्ग सुचारु रूप से चल रहे थे। अकेले 2013 में चीन की सरकार ने 36 शहरों में रेल पारगमन निर्माण योजनाओं को स्वीकृति दी। तब से, शहरी रेल पारगमन के क्षेत्र में चीन सर्वाधिक तेजी से विकास कर रहा देश बन चुका है।

आज, चीन में शहरी रेल पारगमन तंत्र निरंतर प्रगति पर है और एकल भूमिगत मार्ग की जगह बहु-स्तरीय व विविध संरचलात्मक ढांचा वाली मिश्रित हल्की, उपनगरीय व अंतर्वती रेल व्यवस्था स्थापित की जा रही हैं। साथ ही, भाप से चलने वाले इंजनों की जगह विद्युत व चुंबकीय उत्तोलन प्रौद्योगिकी का इस्तेमाल करने से यातायात की सुविधाएं अधिक ''हरित'' व ''स्मार्ट'' भी हो रही हैं।

◆ बीजिंग भूमिगत रेल मार्ग सं. 4

आर-पार रेल तंत्र

विश्व का तीसरा सबसे विशाल देश चीन अपने यहाँ रेल तंत्र के विकास की अहमियत व तात्कालिकता को बखूबी समझता है। पिछले कुछ दशकों में ''आठ समानांतर व आठ लंब रेल-मार्ग'' परिष्कृत तंत्र स्थापित कर, सरकार ने रेलवे के निर्माण व विकास में अच्छे-खासे प्रयास किये हैं। 2012 के अंत तक रेल की पहुंच 98,000 किलोमीटर तक होने से चीन दुनिया में दूसरे नंबर का देश बन गया था। द्रुत-गति की रेल सेवा 9356 किलोमीटर थी जो कि दुनिया में सबसे लंबी थी। द्रुत-गति रेल सेवा व भारी-भरकम परिवहन के क्षेत्र में तकनीकी नवाचार के जरिए, चीन सर्वाधिक प्रगतिशील देशों की श्रेणी में आ गया है। चीन के राष्ट्रीय दिवस, 1 अक्टूबर 2013 को रेल से यात्रा करने वालों की संख्या 1 करोड़ रही।

◆ चीन में तेज़ रफ्तार की रेल (स्रोतः www.microfotos.com)

◆ कुनमिंग शहर के चांगशूई अंतर्राष्ट्रीय हवाई अड्डा का टर्मिनल कक्ष (स्रोतः www.microfotos.com)

4

परिधान की शैलियां

चीन ''परिधान का देश'' के सिरमौर से नवाज़ा गया है तो स्वाभाविक ही है कि लोगों ने टोपियों व कपड़ों के ऐसे-ऐसे अंदाज व बनावट ईजाद किये हैं जिनकी दुनियाभर में पहचान है। आज लोग, आधुनिक व आधुनिकतम कपड़ों से सुसज्जित होने के साथ-साथ परिधान में अपनी अद्वितीय चीनी मौलिकता को बचाये रखे हैं।

रेशम, ऊन, सूत व लिनन

प्रचुर संसाधनों वाला विशाल देश चीन परिधान को लेकर विविध स्थानीय विशेषताओं में अति समृद्ध है। यूं तो कपड़ों के लिए सूत व लिनन सर्वाधिक इस्तेमाल किये जाते हैं, लेकिन ठंडे उत्तरी इलाकों के लोग खुद को रोएंदार कपड़ों में गर्म रखते हैं जबकि, दक्षिण में ठंडक बनाये रखने के लिए रेशम पसंद किया जाता है।

उत्तरी क्षेत्रों में, विशेषकर उत्तर-पूर्वी चीन के तीन प्रांतों में जाड़े का मौसम लंबा व कठोर होता है और तिब्बत के पठारी क्षेत्र के अकड़ाने वाली ठंड में, लोग अधिकांश खाल के रोंएदार भारी व लंबे-चौड़े कपड़े पहनते हैं। उदाहरण के लिए, तिब्बत में लोगों के ढीले, ऊनी वस्त्र न सिर्फ उन्हें गर्म रखने के साथ-साथ आसानी से चलने-फिरने में सहयोग करते हैं, बल्कि रात को सोने में स्लीपिंग बैग की तरह भी इस्तेमाल किये जाते हैं, आधा बिछाने के लिए और आधा रज़ाई की तरह ओढ़ने के लिए। एक अन्य उदाहरण है, उत्तर-पूर्व के महा खिनगन पर्वत की कड़कड़ाती ठंड में, जहाँ तापमान शून्य से कई डिग्री कम तक पहुंच जाता है, वहाँ आदि काल से रह रहे ओरोक्वैन राष्ट्रीयता के लोगों का छोटी प्रजाति के हिरण की खाल से बना विशिष्ट

◆ किंघाई प्रांत की एक तिब्बती महिला, अपने पारंपरिक लिबास में

पहरावा। पुराने समय में, वे लोग अपने कोट, पतलून, टोपियां व जूते, व उसके अलावा अपने दैनिक उपयोग की चीज़ों के लिए थैले व मदिरा पात्र सभी उसी हिरण की खाल के बनाते थे।

इसके विपरीत, यांग्से नदी के दक्षिण के इलाकों के लोग शहतूत का पेड़ लगा कर रेशम के कीड़े पनपाते हैं जिनसे सर्वाधिक हल्का व मुलायम रेशम का धागा व अंततः कपड़ा मिलता है। महीन, नाजुक बनावट का रेशम आर्द्रता को सोखने व हवा के आर-पार होने के लिए आदर्श होता है। बदन पर यह कपड़ा पसीने को सोखता तथा शरीर की रसप्रक्रिया से निकले कार्बन डायऑक्साइड को खींचता है। रेशम के कपड़े मुलायम होते हैं और पहने वाले को ठंडक का एहसास दिलातें हैं व साथ ही खाज व अन्य रोगों की रोकथाम में मददगार होते हैं जिससे वे दक्षिण के लोगों के लिये उपयुक्त ठहरते हैं।

◆ यांग्से नदी के दक्षिण के क्षेत्र की एक महिला, अपने पारंपरिक लिबास में

चीन, शहतूत के पेड़ लगाने तथा रेशम के कीड़े पनपाने वाला दुनिया में पहला देश था। उसके रेशम उद्योग का इतिहास 7000 साल से भी पुराना है। ईसा पूर्व दूसरी शताब्दी की बात है; जैंग क्वीयान को दूत बना कर पश्चिमी क्षेत्र में भेजा गया। उसने शान्शी प्रांत के शि'आन से गानसू प्रांत व शिनजियांग उईगुर स्वायत्त क्षेत्र के रास्ते मध्य व पश्चिम एशिया के लिये भू-पथ खोला जिससे भूमध्यसागर के देशों से संपर्क हो पाया और जिस रास्ते चीन के रेशम के उत्पाद मध्य एशिया व यूरोप को भेजे जाने लगे। इतिहास में दर्ज़ है कि जूलियस सीज़र व क्लियोपैट्रा चीनी रेशम के कपड़े पहनना पसंद करते थे। और जब जूलियस सीज़र एक बेहद सुन्दर चीनी लिबास

◆ एक रेशमी लिबास जिसपर सुन्दर, रंगीन कढ़ाई द्वारा मांग (चार खुर वाला, ड्रैगन सरीका जानवर) बनाया गया है। बाद की आदिम प्रजातीयां रेशम के कपड़ों के लिए कच्चा माल के तौर पर रेशम के कीड़े पनपाना सीख गए थे। आदिकाल में, महंगा होने की वजह से, सिर्फ शाही खानदान के लोग अथवा वरिष्ठ पद पर अधिकारीगण व धनाढ्य व्यापारी वर्ग के लोग ही रेशम के कपड़े खरीदने का सामर्थ्य रख पाते थे।

◆ रेशम अटेरने की एक आधुनिक कार्यशाला

पहन रंगशाला पहुंचे तो सबका ध्यान उनके परिधान की ओर खिंचा और रेशम फैशन का एक प्रतीक बन गया। प्राचीन रोम के प्रकृतिविज्ञानी व प्रकृति इतिहासकार, प्लीनी ने एक बार इस बात पर असंतुष्टता जतलायी कि चीन से रेशम व जेवरात के व्यापार में 10 करोड़ रोमन सोने की मुद्रा खर्च किया गया। 19वीं शताब्दी के अंत में, जर्मन भूविज्ञानी रिक्तोफैन ने चीन से मध्य एशिया को निकलता इस रास्ता का आधिकारिक तौर पर "रेशम मार्ग" नामकरण किया। विदेशों में आज भी रेशम, कपड़े के रूप में अपनी लोकप्रियता बनाये हुए हैं और चीनी रेशम के उत्पादों की दुनिया भर में व्यापक प्रशंसा होती है।

परिधान शैलियों में एक नया युग

1970 के दशक में एक महिला

हाल के दशकों में कपड़ों के फैशन में चीन में खासे बदलाव देखे गए हैं – धूसर, काले व गहरे नीले साधारण से कपड़ों से लेकर विविध, व्यक्तिगत रुचि के चीनी ट्यूनिक सूट व सैनिक वर्दियों से लेकर विभिन्न तरीकों के लिबास। अब पूरा मुद्दा, हस्तनिर्मित कपड़ों से हट कर सिले-सिलाए, महंगे ब्रैण्ड वाले कपड़े खरीदने-पहनने का हो गया है।

1950 के शुरू दशक में देश में हल्के कपड़ों की आपूर्ति का संकट हो गया था जिससे लोगों के कपड़े या सिले-सिलाये लिबास खरीदने को सीमित करने के लिए कूपन दिये गये थे। फलस्वरूप, 20-30 साल तक लोग अधिकांश चीनी ट्यूनिक सूट, सफेद कमीज़ या ब्लाऊज़, नीले पतलून या फौजी वर्दी और महिलाएं द्वारा यदा-कदा स्कर्ट ही पहने जाते थे। प्रमुख रंग नीला, धूसर, सफेद व फौजी हरा थे। 1990 के दशक के बाद, दुनिया में चलन के साथ, चीन में भी लोगों के लिबास अब फैशन से प्रभावित, मंहगें, ब्रैण्डड कंपनी, व्यक्तिगत रुचि के व अंतर्राष्ट्रीय स्वरूप के हो गए हैं। आज, कोई ही नाम लें – सैप्टवुल्वूस, ली-निंग, बोसीडेंग, गोल्डलायन, एक्सैप्शन व पीस बर्ड, आदि चीनी कंपनियां दुनिया भर में विख्यात ब्रैण्ड बन चुके हैं।

2013 में, अंतर्राष्ट्रीय कार्यक्रमों में चीन की प्रथम महिला पैंग लियुआन द्वारा पहने स्थानीय कंपनियों के बनाए गए पारंपरिक लिबास ने काफी ध्यान आकर्षित किया। उनके विविध परिधान, जैसे नीले व सफेद में पश्चिमी शैली के जोड़ी वाले सूट, ढीले-ढाले बरसाती नुमा कोट,

क्वीपाओ तथा राष्ट्रीय शैली में फूलदार लिबास उनके शाही व शालीन आचरण को बखूबी चार-चांद लगाते और उनकी चीनी या विदेशी मिडिया जगत में खासी प्रशंसा होती।

चीन के बड़े शहरों की सड़कों पर, अपने-अपने व्यक्तिगत सौन्दर्यपरक रुचि के कपड़े पहने लोग एक दिलकश नज़ारा प्रस्तुत करते हैं।

◆ बीजिंग में स्ट्राबेरी संगीत महोत्सव 2013 में युवा अनुरागी

चीनी ट्यूनिक सूट — पश्चिमी औपचारिक लिबास, चीनी शैली में

चीनी ट्यूनिक सूट या जौंगशान सूट, चीनी शैली में पश्चिमी वस्त्र है, जिसका नाम चीन में प्रजातांत्रिक क्रान्ति के अग्रज रहे सन यात-सेन (सन जौंगशान) पर रखा गया है जो इसे पहनना पसंद करते थे। 1910 की क्रान्ति के कुछ ही समय बाद वह इतना लोकप्रिय हुआ कि एक तरह का आधुनिक राष्ट्रीय परिधान ही बन गया।

पश्चिमी शिकारी मिरजई व जापानी छात्रसैनिक वर्दी पर आधारित, यह सूट उदारता का प्रतीक है, बावजूद इसके कि उसके स्पष्ट चीनी राजनैतिक व सांस्कृतिक निहितार्थ हैं। उदाहरण के लिए, कोट के सामने की ओर चार फ्लैपयुक्त जेब शिष्टाचार, न्याय, ईमानदारी तथा पारंपरिक सांस्कृतिक मूल्यों में मान-सम्मान की द्योतक हैं जबकि बाजू पर तीन बटन तीन लोक सिद्धांत (राष्ट्रीयता, प्रजातंत्र व लोगों का जीवनयापन) के प्रतीक हैं और सीवनरहित कोट के पीछे का हिस्सा चीनी राष्ट्र का शांतिमय पुनरेकीकरण दर्शाता है।

1960 व 1970 के दशकों में चीन में करोड़ों पुरुष यह सूट पहनते थे और ऊपर की बांयी जेब में रखा पेन भी उसका हिस्सा बन गया था। 1980 के दशक के बाद, बढ़ते पश्चिमी प्रभाव के चलते इस चीनी ट्यूनिक सूट या जौंगशान सूट के दिन कुछ लद से गये हैं हालांकि महत्त्वपूर्ण राजकीय समारोहों व कार्यक्रमों में चीनी नेतागण उसे आज भी पहनते हैं।

◆ चीन में प्रजातांत्रिक क्रान्ति के अग्रज सन यात-सेन (1866-1925) की मोम की मूर्ति।

दुनिया भर के परिधानों व आभूषणों में चीनी छाप

इस नई शताब्दी में, जैसे-जैसे चीन की राष्ट्रीय शक्ति व अंतर्राष्ट्रीय प्रतिष्ठा बढ़ रही है, दुनिया भर में विशिष्ट चीनी छाप के पारंपरिक पहरावे की भी स्वीकारिता बढ़ती जा रही है।

क्विपाओ, एक चीनी पारंपरिक पहरावा है जो खासा लोकप्रिय है, और जो गंभीर पूर्वी सौन्दर्य, शालीनता व विलक्षणता को दशार्ते हुए महिला आकृति व स्त्रैणता को बखुबी उभारता है। मूल रूप से क्विंग राजवंश में मंचु महिलाओं का पहरावा, क्विपाओ आज कई रूपांतरण के बाद आज के स्वरूप में विकसित हुआ है।

क्विपाओ की शोभा उसके कॉलर, आगे का हिस्सा, बाजू, निचला किनारा, किनारे के काट तथा कंधे, वक्ष, कमर व पुट्ठ के हिस्सों में विस्तृत बनावट से बनती है। कमर व पुट्ठ के चुस्त हिस्से महिला की आकृति को रेखांकित करती है, मैंडारिन कॉलर उसकी नाजुक गर्दन को, और मध्यम चौड़ाई के बाजू उसके छोटे कंधों को छिपा से देते हैं। क्विपाओ पूर्व एशियाई महिला के सुकुमार, सूक्ष्म, नाजुक सौन्दर्य को विशिष्टता प्रदान करती है।

◆ क्विपाओ बटनों के विभिन्न स्वरूप

मौके पर वार्तालाप

हैलो, ली मिंग। तुम्हे मिलकर खुशी हुई। चीन से तुम पहले व्यक्ति हो जिसे मैं जानता हूं।

हैलो, टॉम। मुझे भी तुमसे मिलकर खुशी हुई। एक पुरानी चीनी कहावत है, ''सुदूर रह रहे दोस्तों का आना कितना आनंदप्रद होता है।''

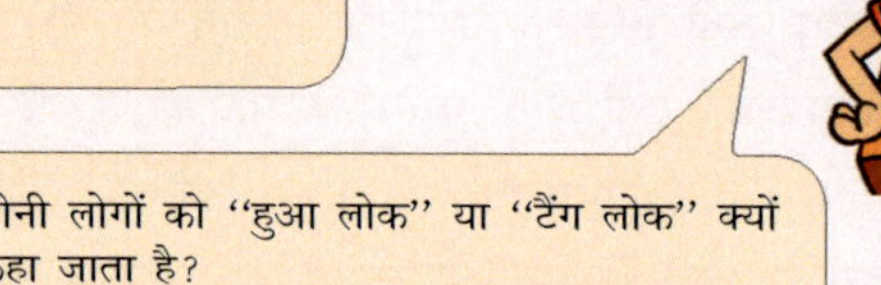

ऐसा है कि, हम चीनी हुआशिया राष्ट्रीयता के लोगों के वंशज हैं, इसलिए हम अक्सर खुद को ''हुआ लोक'' कहते हैं। और जहाँ तक ''टैंग लोक'' की बात है, टैंग राजवंश सर्वाधिक शक्तिशाली व समृद्ध राजवंशों में रहा है जिसकी ख्याति व इज़्ज़त दुनिया भर में रही; अतः अन्य देशों के लोग चीन की हर चीज या बात को टैंग कह कर बुलाते थे, जिससे हमारा नाम ''टैंग लोक'' पड़ा।

अब समझा। इसीलिए मेरे देश के जिस भाग में चीनी लोग रहते हैं, उसे ''टैंग लोक मार्ग'' (जैसे, चाइनाटाऊन) कहा जाता है।

तुम सही कह रहे हो।

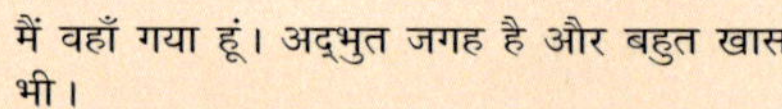

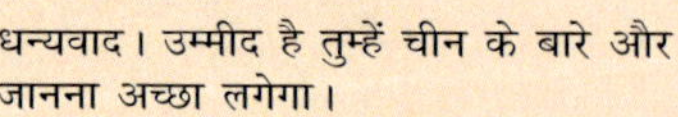

◆ खिड़की पर एक औरत (जियांग यिंगजियु द्वारा एक तैल-चित्र)

◆ क्विपाओ फैशन शो - 9 मार्च 1912 को ''1930 के दशक में शंघाई शैली की क्विपाओ'' फैशन शो में पारंपरिक चीनी परिधान क्विपाओ की खूबसूरती दर्शाती एक गैर-चीनी महिला।

क्विपाओ, अपने विमोहक अंगीय चुस्ती, अत्युत्तम कढ़ाई, गंभीर व शालीन मैंडारिन कॉलर तथा परिष्कृत बटन नमूनों की वजह से कई जाने-माने पश्चिमी परिधान डिजाईनरों के लिए प्रेरणा का स्रोत रही है। 1989 में शंघाई में ''पेरिस में रात'' फैशन शौ में विदेशी परिधान डिजाईनरों ने अपनी कृतियों में क्विपाओ के तत्व अपनाये। उसके बाद तो अन्य कई पश्चिमी परिधान डिजाईनरों नें भी उनकी देखा-देखी इस असाधारण लिबास को अपनी कृतियों में ढाला है जिसने शनैल व अरमानी जैसे विख्यात या बड़े ब्रैण्ड कंपनियों का भी ध्यान आकर्षित किया है।

5

अवकाश व त्यौहार

पांच हजार साल के अपने इतिहास में, चीन ने अलग-अलग प्रजातीय समूहों को एक-दूसरे से मिलते-घुलते देखा जिसके फलस्वरूप चीनी संस्कृति व सभ्यता की समृद्धि को रेखांकित करते देश में विविध पारंपरिक अवकाश व लोक प्रथाएं व त्यौहार होते रहते हैं।

चीन के प्रमुख पारंपरिक अवकाश व त्यौहार

बसंत त्यौहार (चीनी नववर्ष) – चंद्र कैलेण्डर के अनुसार साल के आखिरी महीने के 23वें दिन से लेकर नये साल के पहले महीने के 15वें दिन तक

कब्र सफाई दिवस (4-6 अप्रैल)

ड्रैगन नाव महोत्सव – चंद्र कैलेण्डर के अनुसार 5वें महीने का पांचवां दिन

क्विशी महोत्सव (चीनी वैलेन्टाइन दिवस) – चंद्र कैलेण्डर के अनुसार 7वें महीने का सातवां दिन

मध्य-शरद महोत्सव – चंद्र कैलेण्डर के अनुसार 8वें महीने का पन्द्रहवां दिन

चौंगयांग त्यौहार – चंद्र कैलेण्डर के अनुसार 9वें महीने का नौवां दिन

लाबा त्यौहार – चंद्र कैलेण्डर के अनुसार 12वें महीने का आठवां दिन

चीनी नववर्ष

चीनी नया साल, चंद्र कैलेण्डर के अनुसार पड़ता है। चीनी राष्ट्र का सबसे महत्त्वपूर्ण त्यौहार, अकड़ाने वाले बर्फीले जाड़ों के जाने का संकेतक है। अब तक कुम्हलाये घास व पेड़ों पर बसंत फूटने लगता है और हर ओर जीवन का संचार होने लगता है।

नववर्ष के दिन घर लौटना

नववर्ष में बसंत का त्यौहार, चीनियों के लिए सबसे महत्त्वपूर्ण छुट्टी का दिन होता है और लोग नये साल की शुरुआत पारिवारिक सम्मिलन में मनाते हैं।

एक पुरानी कहावत है कि "अमीर हो या गरीब, घर ही सबसे अच्छी जगह है नया साल मनाने के लिए।" नए साल की पूर्वसंध्या से एक दिन पहले ही (चंद्र कैलेण्डर के अनुसार 12वें महीने का तीसवां दिन) लगभग सब लोगों की कोशिश रहती है कि इस अवसर पर घर पंहुचा जाए – बेशक वे घर से बाहर कितनी ही दूर पढ़ रहे या नौकरी या काम पर रहते हों, या चाहे सफर कितना मुश्किल या काम कितना जरूरी ही क्यों न हो। घर जाने के उनके इरादे के आगे कोई भी रुकावट बढ़ी नहीं होती। बसंत त्यौहार के 15 दिन पहले से लेकर 15 दिन बाद तक, एक अरब से भी ज्यादा जनसंख्या रेलों, हवाई जहाज़ों, पानी के जहाज़ों व बसों से घर आ या घर से जा रहे होते हैं।

सफर कितना भी कष्टदायक क्यों न रहा हो, एक बार घर पंहुच गए तो सब परेशानियां दरकिनार हो जाती है और परिजनों से भेंट कर चेहरों पर मुस्कराहट खिल उठती है। सबके पास बातों का पिटारा होता है और घर आने वाले नौकरीपेशा लोग घर में अपनी आय का कुछ हिस्सा भी देते हैं।

◆ चीनी नववर्ष पर फुजियान प्रांत में हाक्का लोग अपने पितरों को प्रसाद भेंट चढ़ाते हुए

बसंत त्यौहार के रिवाज़	
धूल झाड़ना	चंद्र कैलेण्डर के अनुसार साल के आखिरी महीने के 23वें व 24वें दिन रसोई के देवता की अर्चना की जाती है। लोग अपने घर, आंगन की पूरी सफाई करते हैं तथा अपने चद्दर, पर्दे व अन्य वस्तुओं की धुलाई करते हैं।
बसंत दोहा लेखन व चस्पा करना	सफाई कर लेने के बाद, लोग अपने फाटकों पर बंसत के दोहे चस्पा करते हैं। साथ ही, चीनी भाषा संकेताक्षर "फू" को उल्टा करके चिपकाया जाता है। चीनी भाषा में उल्टा किया हुआ इस संकेताक्षर का मायना होता है "आना" और उसे इस तरह फाटक पर दोहों के साथ लगाना "सौभाग्य" का आना जतलाता है।
नववर्ष की पूर्वसंध्या पर देर तक जगे रहना	गुजरते साल के आखिरी भोज के लिए हर परिवार "पुनर्मिलन भोज" पर एकत्त्रि होता है और लोग देर रात तक, या पूरी रात ही, मेज़ के इर्द-गिर्द बैठे बतियाते हुए नए साल का स्वागत करते हैं।
पटाखे छोड़ना	पुराने साल को अलविदा कहने व नए साल के स्वागत में लोग ठीक मध्य-रात्रि को खूब पटाखें छोड़ते हैं।
नववर्ष के दिन मिलन	नए साल के पहले दिन लोग सुबह-सुबह नहा-धो कर व नए कपड़े पहन, रिश्तेदारों व मित्रों को मिलने जाते हैं। दूसरे दिन, शादी-शुदा महिलाएं, अपने पति व बच्चों के साथ मायके जाती हैं।
शुभकामनाएं संदेश	एक-दूसरे को शुभकामना कार्ड भेजना भी अब एक रिवाज़ हो गया है। आज शुभकामनाएं, ई-कार्ड, एस.एम.एस. संदेश व संचार के अन्य माध्यमों से भी भेजे जाने लगे हैं।

बसंत त्यौहार के दिन, चारों ओर खुशी का माहौल रहता है। घर के बड़ो व बुजुर्गों को पारिवारिक सम्मिलन से घर में बच्चों व नाती-पोतों को पाकर खुशी व संतोष होता है। बच्चों के तो सबसे ज्यादा मज़े रहते हैं – उन्हें पहनने को नए कपड़े, खाने को खूब मिठाईयां और जेब-खर्च के लिए लाल-लाल लिफाफे मिलते हैं, और वे दिन-भर खेलते, उछलते-कूदते रहते हैं। इस अवसर पर उन्हें मां-बाप से डांट भी नहीं पड़ती है, यहाँ तक कि उनकी शरारत की वजह से कोई बर्तन-प्लेट टूट भी जाए तो यही सुनने को मिलता है – ''शांति हर वर्ष''। (चीनी भाषा में 'टूटा' व 'वर्ष' का उच्चारण एक ही होता है!)

◆ चीनी नववर्ष के दौरान, चौंगक्विंग में लालटेन प्रदर्शन

चीनी नववर्ष की पूर्वसंध्या पर रात्रि भोज व बसंत महोत्सव का धूम-धड़ाका

हर परिवार, वार्षिक ''पुनर्मिलन भोज'' की कद्र करता है जिसके लिए घर की महिलाएं कई दिन पहले से ही तैयारियां शुरू कर देती हैं। रसोईघरों में गोश्त व सब्जियां काटने की व्यस्तता और गली-मुहल्लों में पटाखों का शोर होने लगता है। भोज की मेज़ पर गर्म व शीतल, डिम-सम व शोरबे, सभी तरह के व्यंजन होते हैं। मछली व मुर्गी तो होती ही है क्योंकि ''मछली'' शब्द का उच्चारण, ''हर साल प्रचुरता'' तथा ''मुर्गी'' का, ''सौभाग्य व वरदान'' जैसा ही होता है। भोज के आखिर में मिष्ठान खाया जाता है इस कामना के साथ कि आने वाला साल मिठास भरा हो। भोज के दौरान मदिरा भी अत्यावश्यक होती है और जो आमतौर पर शराब नहीं भी पीते हैं वे भी बुजुर्गों व पूरे परिवार के स्वास्थ्य व सौभाग्य की लिए जाम उठाते हैं।

◆ चीनी नववर्ष की पूर्वसंध्या पर ''फिश एंट्री'' व्यंजन पुनर्मिलन भोज में होता ही है।

बसंत के महोत्सव के दौरान, उत्तरी इलाकों में खासकर, ज़ीयाओज़ी (गुलगुले) भी जरूरी आहार होता है। नए साल की पूर्वसंध्या पर, पटाखों के शोर के बीच, ये गुलगुले बनाना व खाना पूरे परिवार के लिए एक जरूरी गतिविधि होती है। कुछ इलाकों में, लोग ज़ीयाओज़ी के बीच में एक सिक्का भी रख देते हैं और वह जिसके भी हिस्से आता है, माना जाता है उसका साल धन व सौभाग्य से परिपूर्ण रहेगा।

आज, वैसे, कई परिवार यह ''पुनर्मिलन भोज'' बाहर किसी रेस्तरां में खाना पसंद करते हैं ताकि वे पकाने-धोने के झंझट से बचे रहने के साथ-साथ भिन्न-भिन्न व्यंजनों का रसास्वाद लें सकें। कई लोकप्रिय रेस्तराओं में तो महीनों पहले से ही मेज़ आरक्षित कर दी जाती है।

1983 में नववर्ष की पूर्वसंध्या पर चीनी दूरदर्शन सी.सी.टी.वी. ने ''बसंत महोत्सव धूम-धड़ाका'' कार्यक्रम आयोजित किया जिसका लोगों ने जबरदस्त स्वागत किया। तब से यह कार्यक्रम हर साल आयोजित किया जाने लगा है और कई परिवार खाने के साथ-साथ, उसका भी

◆ चीनी नववर्ष की पूर्वसंध्या पर, ज़ीयाओज़ी का आनंद उठाते हुए एक परिवार

आनंद लेते हैं। कार्यक्रम में गाना, नाचना, चुटकुले, हास्य नाटिकाएं, जादू, कलाबाज़ी, आदि का मिश्रण होता है जिसे दूनिया भर में बसे चीनी लोग खूब मज़े में देखते हैं। कार्यक्रम की व्यापक भव्यता, कलाकारों की लंबी सूचि, प्रसारण की अवधि, तथा देश व विदेश में उसकी रेटिंग के आधार पर वह एक तरह का विश्व रिकार्ड ही स्थापित करता है।

लालटेन महोत्सव

चंद्र कैलेण्डर के अनुसार साल के पहले महीने के 15वें दिन लालटेन महोत्सव पड़ता है, जिसे शांगयुआन महोत्सव व लालटेन पहेली महोत्सव भी कहा जाता है। यह साल की पहली पूर्णिमा की रात भी होती है। रसोई के देवता की अर्चना की जाती है। नववर्ष के पूरे महीने, बसंत त्यौहार के दौरान, लोग लालटेन टांगते हैं व लालटेन प्रदर्शनियों में जाते हैं। कई तरह के समारोहों का आयोजन होता है जिस वजह से लोगों के लिए यह नववर्ष का सर्वाधिक उत्साहजनक समय होता है।

उस दिन के समय ''युआन शियाओ'' खाने की परंपरा है। यह चिपचिपे चावल से बना मीठा व्यंजन होता है जो सादा अथवा भरवा (सना हुआ लाल सेम, चीनी, नागफनी, बादाम, तिल, चीनी खजूर का पेस्ट, आदि) होता है। पूर्णिमा की शाम को, जब आसमान में चांद भी अपने पूरे वैभव में होता है, उस समय यह गोलाकार ''युआन शियाओ'' पुनर्मिलन व सुख की शुभकामनाओं के लिए एक उचित ही मिष्ठान है।

◆ लालटेन महोत्सव में बाघ नृत्य

क्विंगमिंग त्यौहार (कब्र सफाई दिवस)

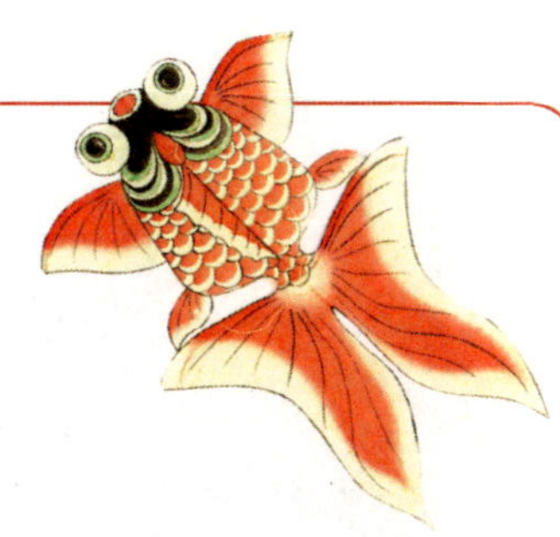

अपने पूर्वजों व स्वर्गीय पारिवारिक सदस्यों को याद करने का यह लोगों के लिए एक महत्त्वपूर्ण दिन है। 4-6 अप्रैल के बीच, लोग अपने स्वर्गीय पारिवारिक सदस्यों की कब्र पर जाकर उनका स्मरण करते व बलि चढ़ाते हैं। क्योंकि यह दिन बसंत के उजले पक्ष में पड़ता है जिस समय पेड़ों पर नयी पत्तियां आ रहीं और घास भी हरी-भरी हो रही होती है। यह लोगों के लिए बाहर, प्रकृति का आनंद उठाने का (किसी समय इसे ''हरियाली में घूमना'' भी कहा जाता था), वृक्षारोपण व पतंग उड़ाने का भी अवसर होता है।

पूर्वजों का स्मरण

तांग राजवंश के एक कवि, दू मू ने अपनी एक कविता में शुरू अप्रैल के बारिश के दिनों में एक स्मृति-दिवस के दृश्य का वर्णन किया है – ''क्विंगमिंग के आते-आते बेइंतहा बूंदाबांदी होती है और राहगीर निरुत्साह चलते हैं।'' चीन के लोगों में अपने पूर्वजों की कब्रों पर जाकर उन्हें स्मरण करने व आहार, फूल या बलि चढ़ाने की बहुत समय से चली आ रही परंपरा रही है। प्राचीन समय में, कब्र सफाई दिवस

◆ **क्विंग तुआन (गुलगुला)**
यांग्से नदी के दक्षिण के इलाकों में, लोग क्विंगमिंग दिवस पर क्विंग तुआन खाते हैं। चिपचिपे चावल को कुटी हुई जंगली नतशूक घास के रस में गूंथ कर बनाये आटे की लोई में शक्कर व सूअर की चर्बी के साथ सना हुआ लाल सेम या चीनी खजूर के पेस्ट से भरा जाता है। और फिर, उसे ईख के पत्तों से ढक कर, भाप देकर पकाया जाता है। स्थानीय लोग इसे अपने पूर्वजों की कब्र पर भी चढ़ाते हैं।

◆ हैनान प्रांत में कायफैंग शहर के माध्यमिक विद्यालय के विद्यार्थी, क्विंगमिंग दिवस पर शहीदों को याद करते हुए (स्रोतः एफ.ओ.टी.ओ.ई.)

पर, वंशज अपने पूर्वजों की कब्र के आसपास के घास की सफाई करते, कब्रों को पोंछते व उन पर हरी डंडियां रखते हैं तथा उनके स्मरण में झुक कर अपनी संतानीय निष्ठा का इज़हार करते हैं।

क्विंगमिंग पर अपने पूर्वजों की कब्र पर जाकर आहार व ताज़े फूल चढ़ाने की यह प्रथा आज भी जारी है।

अपने पूर्वजों की कब्र के अलावा, लोग क्विंगमिंग के दिन शहीदों की मज़ार पर भी जाते हैं जिन्होंने नव-चीन के निर्माण में अपना जीवन अर्पण किया। निसंदेह, क्विंगमिंग दिवस सांस्कृतिक दृष्टि से आज एक समृद्ध व अर्थपूर्ण स्मरण दिवस में रूपांतरित हो गया है।

बसंत सैर (हरियाली में घूमना)

क्विंगमिंग के समय बसंत का मौसम बड़ा सुहावना होता है जो लोगों को बाहर सैर पर जाने के लिए भी उकसाता है। पुराने समय में क्विंगमिंग के दिन झूला झूलना, फुटबॉल, चौगान, रस्सी खींच व मुर्गा-युद्ध जैसी खेल प्रतिस्पर्धाओं तथा विलो वृक्षारोपण, आदि विविध कार्यक्रमों का आयोजन होता था। आज तो इस दिन और भी अधिक गतिविधियां आयोजित की जाने लगी हैं।

इनमें, पतंग उड़ाना सबसे ज्यादा लोकप्रिय है। लोग खुली जगहों पर जाकर, घंटों-घंटों पतंग उड़ाते हैं। पहले तो लोग रात में भी इसका आनंद लेते थे – पतंग की डोर के साथ छोटी-छोटी लालटेन बांध देते जो हवा में लहरा रहे तारों के समान नज़र आती। कभी-कभी तो लोग अपनी पतंगों की डोर काट, उन्हें हवा में डोलने व बह जाने देते – बीमारी व दुर्भाग्य से छुटकारा पाने की प्रतीकात्मक मान्यता में।

पुराने समय में झूले, छोटी टहनियों व रस्सियों से बनायी जाती थीं। बाद में, लकड़ी के एक तख्ते पर दो रस्सियां बांध कर इसे बनाया जाने लगा। झूलने वाले को वाकई बहुत आनंद आता है। आज तो बहुत उद्यानों व रिहायशी इलाकों में बच्चों के खेलने के लिए ये झूले लगाए जाते हैं।

◆ पतंग उड़ाने का एक अच्छा समय
(स्रोतः www.microfotos.com)

ड्रैगन नाव महोत्सव

आज, चंद्र कैलेण्डर के अनुसार साल के पांचवे महीने के 5वें दिन क्यू युआन को याद किया जाता है। मूलतः उस दिन को बसंत के अंत व गर्मियों के शुरू में महामारी से बचने के तौर पर मनाया जाता था। इस दिन ड्रैगन नाव प्रतिस्पर्धाएं आयोजित की जाती हैं, लोग लसीले चावल के बने व बांस के पत्तों में लिपटे गुलगुले खाते, चावल की मदिरा पीते व अपने घरों के आगे 'मगवॉर्ट' (जंगली वनस्पति) की पत्तियां लटकाते हैं।

क्यू युआन व ड्रैगन नाव महोत्सव

ड्रैगन नाव महोत्सव, महान देशभक्त कवि क्यू युआन की याद ताज़ा करता है। युद्धरत राज्य काल (475-221 ईसा पूर्व) में, जिस दौरान सात राज्य प्रभुत्व के लिए आपस में लड़ते रहे, क्विन राज्य सर्वाधिक शक्तिशाली रहा। तब कवि क्यू युआन ने, जो उस समय चू राज्य के अधिकारी थे, अपने राजा को क्वी राजा के साथ मिलकर क्विन का विरोध करने का सुझाव दिया। लेकिन राजा ने उनका सुझाव नहीं माना और उल्टा, कवि को देश-निकाला दे दिया। 278 ईसा पूर्व में क्विन की सेना ने चू को परास्त कर राजा को मौत के घाट उतार दिया और इस तरह चू राज्य का अवसान हुआ।

यह खबर सुन कर क्यू युआन इतना निराश हुए कि उन्होने उफनती मिलोऊ नदी में छलांग लगा कर आत्महत्या

◆ क्यू युआन की मोम की आकृति

◆ क्यू युआन, चू राज्य के राजा के सामने प्रस्ताव रखते हुए

कर ली। केवटों और किसानों ने अपनी-अपनी किश्तियां लेकर पूरी नदी छान मारी लेकिन क्यू युआन का शरीर नहीं ढूंढ पाये। इस इरादे से कि मछलियां व झींगा उनके शरीर को खा न जाएं, वे फटाफट घर से बांस की पत्तियों में चावल लिपटा कर, क्यू युआन की आत्मा के लिए नदी में फेंकने लगे ताकि मछलियों का ध्यान भटका सकें। तभी से चावल के गुलगुले बनाने का रिवाज़ शुरू हुआ। लोक-चिकित्सकों ने तो नदी में रियलगार शराब तक उंडेली जिससे जलीय ड्रैगन को नशा आ जाए और वह क्यू युआन के शरीर को न निगले।

जिस दिन क्यू युआन ने अपने को नदी में कूद कर आत्महत्या की, वह चंद्र कैलेण्डर के अनुसार साल के पांचवे महीने का 5वां दिन था और तभी से उस दिन क्यू युआन की याद में गुलगुले खाने, रियलगार शराब पीने और ड्रैगन नाव स्पर्धा के आयोजन का रिवाज़ शुरू हुआ। क्यू युआन एक कवि और मंत्री थे जो अपनी देशभक्ति तथा उच्च कोटि की शास्त्रीय कविता में अपने योगदान के लिए जाने जाते हैं। ''चू सी'' पद्यावली (जो चू के गीत या दक्षिण के गीत नाम से भी जाने जाते हैं) उनका सर्वाधिक प्रचलित काव्य माना जाता है। ''चू सी'' पद्यावली में से सबसे ज्यादा ख्यातिप्राप्त ली साओ, जियान वेन और जियु गी हैं। ड्रैगन नाव महोत्सव, कवि महोत्सव के नाम से भी बुलाया जाता है।

ड्रैगन नाव स्पर्धा

एक समय, क्यू युआन की मृत्यु की वजह से, चंद्र कैलेण्डर के अनुसार साल के पांचवे महीने का 5वां दिन बहुत अपशकुन माना जाता था और दुर्भाग्य को दूर रखने के लिए घर पर कैलमेस के पत्ते व मगवार्ट लटकाये जाते, सुगन्ध पुटक पहने जाते और पांच रंग के रिबन बांधे जाते। ड्रैगन नाव स्पर्धा उस दिन का सबसे भव्य कार्यक्रम होता है।

किवदंती है कि जब क्यू युआन ने नदी में छलांग लगायी तो गांव वालों ने अपने घरों से गुलगुले बना, किश्तियों को नदी की मझधार में ले जाकर क्यू युआन को ढूंढने-बचाने की भरसक कोशिश की लेकिन तब तक बहुत देर हो चुकी थी। मछलियों व दुष्ट आत्माओं को उनके शरीर को तार-तार करने से दूर रखने की कोशिश में उन्होंने जोर-जोर से ढोल बजाए व चप्पुओं से पानी की सतह को पीटा। उसी के प्रतीक में ड्रैगन नाव स्पर्धा की शुरुआत हुई – आहुति या बलि की एक गतिविधि तथा महोत्सव का एक अहम कार्यक्रम, खासकर दक्षिण के इलाकों में। स्पर्धा के दिन, लोग नदी के किनारे उसे देखने के लिए इकट्ठे होते हैं। ढोल की जोरदार थाप और दर्शकों के शोर भरे उत्साहवर्धन के बीच, किश्तियों में सवार नाविकगण पूरे जोश में अपना चप्पू चला कर अपनी किश्तियों को दौड़ाते हैं। दर्शकों में खास उत्साह व खुशी रहती है।

1980 में इस स्पर्धा को चीन में राष्ट्रीय खेलकूदों की सूची में शामिल कर दिया गया और तब से चीन में वार्षिक क्यू युआन वैजयंती ड्रैगन नाव स्पर्धा का आयोजन होने लगा। आज, ड्रैगन नाव स्पर्धा जापान, वियतनाम व ब्रिटेन तक फैल चुकी है।

◆ ड्रैगन नाव स्पर्धा

गुलगुला सेवन व रियलगार मदिरा पान

ड्रैगन नाव स्पर्धा के दिन विभिन्न गतिविधियां आयोजित की जाती हैं, जिनमें गुलगुलों का सेवन एक महत्त्वपूर्ण रिवाज़ है। त्यौहार के दौरान, हर घर में, भीगे लसीले चावल को लपेटने के लिए बांस के पत्तों को धोया जाता है।

चावल के गुलगुले विविध आकार व शैली से बनाये जाते हैं। उत्तरी चीन में, बीजिंग खजूर चावल के गुलगुलों में छोटे-छोटे चीनी खजूर लिपटाए जातें हैं (बीजिंग खजूर चावल के गुलगुले) जबकि दक्षिण चीन में उनमें भिन्न-भिन्न चीज़ें जैसे सेम का मीठा पेस्ट, ताज़ा गोश्त, सूअर का हैम, अण्डे की जर्दी भरी जाती है। इनमें जेजियांग प्रांत के जियाशिंग के गुलगुले सबसे ज़्यादा मशहूर हैं। चीन में गुलगुले खाने का रिवाज़ हजारों सालों से चला आ रहा है और आज वह कोरिया, जापान व दक्षिण-पूर्व एशिया के देशों में भी फैल चुका है।

इस त्यौहार पर कुछ अन्य प्रथाएं भी प्रचलित हैं, जैसे रियलगार मदिरा पान करना। रियलगार एक तरह की सफेद शराब या चावल की पीली मदिरा होती है जो पीसे हुए रियलगार से बनायी जाती है। रियलगार को पारंपरिक चीनी चिकित्सीय पद्धति में कीटनाशक या विषनाशक की तरह भी इस्तेमाल किया जाता है। पुराने लोगों में यह भी मान्यता थी कि रियलगार मदिरा पान से दुष्ट आत्माएं व रोग दूर होते हैं, और बच्चों को मच्छरों व रोग से बचाने के लिए, लोग उनके माथे, नाक, कान, हाथ व पैर पर भी यह मदिरा मलते थे। बहरहाल, आधुनिक वैज्ञानिक शोध द्वारा जबसे मालूम हुआ कि जहरीला आर्सेनिक सल्फाइड इस मदिरा का मुख्य घटक है, लोगों ने उसे पीना छोड़ दिया है।

◆ चावल के गुलगुले

मध्य-शरद त्यौहार

चीनियों के लिए चंद्र कैलेण्डर के आधार पर साल के आठवें महीने का 15वां दिन भी, जो शरद के बीच में पड़ता है, एक अन्य महत्त्वपूर्ण त्यौहार व अवकाश का दिन है। इस पूर्णिमा के दिन, साल में किसी भी दूसरे महीने की तुलना में, चांद सबसे ज्यादा गोलाकार व उजला नज़र आता है। इस त्यौहार को ''चन्द्र पूर्वसंध्या'' या ''अगस्त त्यौहार'' भी कहते हैं। चीन में पूर्णिमा को पुनर्मिलन के प्रतीक के तौर पर भी देखा जाता है, अतः इसे ''पुनर्मिलन का त्यौहार'' भी कहा जाता है।

चंद्र अवलोकन

चीन में चंद्र-अर्चना का पुराने समय से रिवाज़ रहा है, जब प्राचीन राजा बसंत में सूर्य का तथा शरद में चांद की पूजा करते थे। चांद की देवी की पूजा की परंपरा की शुरुआत पश्चिमी झाओ काल (ग्यारहवीं शताब्दी ईसा पूर्व से 771 ईसा पूर्व) में हुई मानी जाती है जब झाओ के राजा ने मध्य-शरद की रात को चंद्र-मंदिर में चांद की पूजा का आयोजन किया, और जहाँ बाद में मिंग व क्विंग राजवंश के राजाओं ने भी वही कर्मकांड आयोजित किये। वी तथा जिन कालों में लोगों द्वारा इस प्रथा के सार्वजनिक पालन से तांग राजवंश, और उनसे भी ज़्यादा सौंग राजवंश द्वारा भी इसे व्यापक तौर पर स्वीकार किया व मनाया गया। मध्य-शरद की इस पूर्णिमा की रात, बीजिंग की पूरी तरह सजी-धजी दुकानें व रेस्तरां चावल की नयी मदिरा, ताज़े फल व अल्पाहार बेचते हैं। दुकानें पूरी रात खुली रहती हैं और लोग खुले में चांद को निहारते हैं। मिंग व क्विंग राजवंश काल में तो यह त्यौहार एक अहम परंपरा बनी और बसंत त्यौहार, ड्रैगन नाव महोत्सव व क्विंगमिंग त्यौहारों के समकक्ष उसकी गणना चार प्रमुख चीनी त्यौहारों में होने लगी।

पूर्णिमा का चांद, घनिष्ठता का प्रतीक माना जाता है और मध्य-शरद, अगस्त की इस

◆ मध्य-शरद त्यौहार के समय एक बच्चा कौंगमिंग लालटेन (आकाशीय लालटेन) उठाता हुआ

पूर्णिमा की रात तो चांद सबसे ज्यादा गोलाकार व उजला नज़र आता है। अतः यह समय परिवारिक पुनर्मिलन का भी समय होने से ''पुनर्मिलन त्यौहार'' भी कहलाता है। जो इन दिनों अपने घरों को नहीं लौट पाते हैं, उन्हें इस समय अपने परिजनों की याद बहुत सताती है। इस अवसर पर, नदी-समुद्र का ज्वार निहारने, प्रणय निवेदन करने, गर्भावस्था के लिए प्रार्थना और लालटेन प्रज्वलित करने की परंपराएं सामान्यतः मनायी जाती हैं।

◆ बेर के पेड़ के नीचे चांद को निहारना (यू जी, क्विंग राजवंश, द्वारा)।

चांगे की चांद की उड़ान

मध्य-शरद त्यौहार की शुरुआत को लेकर कई किवदंतियां हैं। चांगे देवी, हूओ यी व चांद पर रह रहे जेड खरगोश की कहानी आज भी लोकप्रिय है।

किवदंति है कि स्वर्ग की रानी ने हुओ यी नाम के एक बहादुर से आकर्षित होकर उसको अमर होने की एक गोली दी। हुओ यी अपनी खूबसूरत व पतिव्रता पत्नी चांगे को छोड़ना नहीं चाहता था, अतः उसने वह गोली उसे अपने प्रसाधन आयने में आभूषण के डब्बे में रखने के लिए दी। हुओ यी के एक कर्मचारी पेंग मैंग को इसका पता था। सो एक दिन जब हुओ यी अपने अनुयायियों के साथ शिकार पर जा रहा था तो पेंग मैंग, चांगे से वह गोली ले लेने के इरादे से, बीमार होने का नाटक कर घर पर ही ठहर गया। लेकिन ऐन मौके पर, चांगे ने डिब्बा खोल कर वह गोली खुद ही निगल ली। अगले ही क्षण वह उड़ कर आसमान में अंतर्ध्यान हो गयी। लेकिन उसे धरती पर अपने पति की चिंता हुई और वह निकटतम ग्रह चांद पर उतरने में कामयाब हुई।

घर लौट कर, पूरी घटना से परेशान होकर, हुओ यी रात के आकाश में खोजने लगा और चांद पर उसे कोई आकृति हिलती नज़र आयी जो उसे अपनी पत्नी सी लगी तो वह उसका नाम पुकारने लगा। अपनी पत्नी की याद में उसने अपने बगीचे में एक मेज़ लगा, चांगे को भेंट चढ़ाने के लिए उस पर उसकी पसंदीदा मिठाईयां व ताज़े फल बिछाये। यह जान कर, हुओ यी के मां-बाप ने भी चांगे की सुरक्षा व खुशहाली के लिए आसमान तले मेज़े बिछायी – और चांद की पूजा करने की परंपरा यूं शुरू हुई।

◆ चांद को उड़ती चांगे (स्रोतः www.microfotos.com)

मूनकेक

जो महत्त्व लालटेन महोत्सव में युआन शियाओ का और ड्रैगन नाव त्यौहार में चावल के गुलगुलों का होता है, उतना ही महत्त्व मध्य-शरद त्यौहार में मूनकेक का होता है। इस त्यौहार के अवसर पर यह महीन भरवां छोटा गोल केक, जिसे ''हू केक'', ''मून बॉल'' व ''पुनर्मिलन केक'' भी कहा जाता है, परिजनों व मित्रों को भेंट किया जाता है। मूनकेक, परिजनों में परस्पर शुभकामनाओं का वाहक, सुख-समृद्धि के लिए प्रार्थना व घर से दूर रह रहे लोगों की पारिवारिक पुनर्मिलन की उत्कंठा का प्रतीक है। प्राचीन समय में चांद को आहुति के तौर पर चढ़ाया जाने वाला यह मूनकेक, आज इस त्यौहार का अत्यावश्यक अल्पाहार बन गया है।

आज मूनकेक विविध, विशिष्ट आकारों व किस्मों और मीठे से लेकर नमकीन व चटपटे स्वाद तक में बनाया जाने लगा है। इसमें मेवे, लाल सेम पेस्ट, तिल, अण्डे का जर्दा, नारियल का पेस्ट अथवा सूअर का हैम भरा जाता है तथा चीनी की चाशनी में अथवा पेस्ट्री की तरह बनाया जाता है।

◆ मूनकेक (स्रोतः www.microfotos.com)

अल्पसंख्यक जातीय समूहों के त्यौहार

बहुलतावादी चीन में 56 जातीय समूह पाये जाते हैं। इन विभिन्न व विविध समुदायों के भी विशिष्ट, पारंपरिक त्यौहार व महोत्सव चीन में मनाये जाते हैं।

तिब्बती नववर्ष

तिब्बती क्षेत्रें में, तिब्बती कैलेण्डर के हिसाब से मनाया जाने वाला एक महत्त्वपूर्ण त्यौहार है। यह आमतौर पर चीनी नववर्ष के एक महीने बाद आता है और 15 दिनों तक मनाया जाता है।

◆ तिब्बती लोग नये साल का जश्न मनाते हुए

◆ तिब्बती लोग मक्खन-चाय पीते हुए

तिब्बती बौद्ध धर्म को मानने वाले स्थानीय लोग अपना नववर्ष विशिष्ट धार्मिक तरीके से मनाते हैं और उस दौरान खाने – गोश्त, मक्खन वाली चाय तथा पहाड़ी जौ की मदिरा – की तैयारी एक महीना पहले से करने लगते हैं। महोत्सव से कुछ दिन पहले हर परिवार अपने घर की सैन-सफाई करने लगता है, और सौभाग्य के लिए रसोई की दीवारों पर आटे से चित्र तथा चूने से फाटक पर बौद्ध स्वास्तिक चिन्ह बनाता है।

नववर्ष की पूर्वसंध्या पर जब परिजन पूनर्मिलन भोज के लिए इकट्ठा होते हैं तो प्रत्येक सदस्य को नौ कटोरी भात खाना होता है लेकिन आधिक्य के प्रतीक के तौर पर हर कटोरी में थोड़ा-थोड़ा कुछ छोड़ना होता है। भुने हुए जौ के आटे में छोटे कंकड़, मिर्च, कोयला व ऊन मिलाकर हलवा भी बनाया जाता है जिसे "गू तू" कहा जाता है। जिनके भी कौर में ये निकलें, उन्हें वे थूक देने पड़ते हैं क्योंकि प्रत्येक का अपना अलग मायने होता है। कंकड़, एक कठोर हृदय

का प्रतीक होता है, मिर्च तीखेपन का, कोयला काले दिल का, और ऊन दयालुता का। जब भी कोई ये चीज थूकता है तो बाकि जन उसकी खूब खिल्ली उड़ाते हैं। भोजन के बाद, वे बचे हुए खाने की चिलमची को लेकर घर के हर कमरे में टार्च लेकर जाते हैं और दुष्ट आत्माओं को भगाने के लिए झाड़-फूंक करते हैं।

नये साल के पहले दिन, हर घर की औरतें नदी या कुंए से एक बाल्टी पानी लाती हैं जिससे अपने लंबे व स्वस्थ जीवन के लिए, परिवार के लोग अपने पशुधन की धुलाई-खिलाई करते हैं। लोग एक आहार का डिब्बा, जिसे ''क्वी मा'' कहते हैं, लेकर बाहर गली-सड़क पर जाते हैं और जब उन्हें कोई पड़ोसी या दोस्त मिलते हैं तो वे एक-दूसरे के ''क्वी मा'' से कुछ दलिया या गेंहू के दाने लेकर, अपने देवी-देवताओं का स्मरण कर तीन बार हवा में उछालते हैं और फिर खाते हैं। नये साल के दूसरे दिन वे अपने रिश्तेदारों या मित्रों के यहाँ जाकर हादा भेंट करते हैं।

तिब्बती नववर्ष के दौरान, तिब्बती गीत-नाटिकाएं, शियांजी नृत्य (तार वाद्यों की संगत में एक विशिष्ट तिब्बती नृत्य), घुड़दौड़, याक दौड़, तीरंदाजी, मलयुद्ध, रस्सी-खींच, आदि कार्यक्रमों व गतिविधियों का आयोजन होता है। चूंकि अब नये साल के अवसर पर क्षेत्र के बाहर से कई पर्यटक भी आने लगे हैं, अतः उनके लिए कई आकर्षक कार्यक्रम आयोजित किये जाते हैं जो उन आगंतुकों को तिब्बती अतिथि-सत्कार का साक्षात अनुभव व असीम आनंद प्रदान करता है।

◆ तिब्बती गीत-नाटिका प्रस्तुति

◆ अवकाश परिधान में एक तिब्बती महिला

घास-मैदानों में नदामू खेल-कूद

चंद्र कैलेण्डर के हिसाब से 7वें या 8वें महीने के दौरान आयोजित नदामू खेल-कूद, मंगोलियाई लोगों के पारंपरिक अवकाश का अवसर होता है। मूलतः देवी-देवताओं की अचर्ना के तौर पर इस गतिविधि का स्वरूप बदल कर अब एक मनोरंजनपूर्ण क्रीड़ा कार्यक्रम हो गया है जिसमें घुड़दौड़, ऊंट-दौड़ व मलयुद्ध का आयोजन किया जाता है।

ये कार्यक्रम पांच से सात दिनों तक चलते हैं जिसमें विभिन्न क्षेत्रों से आये पशुचारक, घास-मैदानों में अपने-अपने टैंट लगाते हैं। माहौल में रसोईयों से उठता धुआं एक बड़ा ही आत्मीय व रोचक दृश्य प्रस्तुत करता है जहाँ अपने सर्वश्रेष्ठ परिधानों में सुसज्जित लोग मित्रों व रिश्तेदारों

◆ नदामू समारोह का एक दृश्य

◆ नदामू खेल-कूद के अवसर पर धनुर्धर

◆ नदामू खेल-कूद के अवसर पर घुड़दौड़

◆ नदामू खेल-कूद के अवसर पर मलयुद्ध

से मिलते, दूध की चाय पीते, गोश्त खाते व खेल-कूद का आनंद उठाते हैं। मलयुद्ध, घुड़दौड़ व धनुर्धरी जैसे पारंपरिक स्पर्धाओं के साथ, अब रस्सी-खींच, खेल-कूद, वॉलीबॉल, बास्केटबॉल, आदि सरीकी कुछ आधुनिक क्रीड़ाएं भी सम्मिलित कर दी गयी हैं। अतः अब पूरे आयोजन को ''घास-मैदान ओलम्पिक'' कहा जाने लगा है।

आज, नदामू खेल-कूद एक खेल कार्यक्रम मात्र से कहीं अधिक हो गया है। यह विभिन्न जातीय समूहों में सांस्कृतिक छटा की झलक प्रस्तुत करने का सुअवसर बन चुका है। आज इस अवकाश के दौरान लोकगायन, वाद-विवाद, परिधान व लोक हस्तकलाओं को लेकर भी प्रतियोगिताएं आयोजित की जाती हैं जिसमें लोगों को अपनी विशिष्ट सांस्कृतिक पेशकश का अवसर मिलता है और जिसे देखने के लिए सुदूर देश-विदेश से लोग आते हैं।

नववर्ष के अवसर पर, दाई जाति के लोगों का जल महोत्सव सबसे महत्त्वपूर्ण अवकाश होता है, जो कि पूरे युन्नान प्रांत में सर्वाधिक प्रभावकारी व व्यापक तौर पर मनाया जाता है। यह अप्रैल के महीने में मनाया जाता है और तीन से पांच दिन तक चलता है।

इसमें, लोग सुबह-सुबह मंदिरों में फूल व हरी पत्तियां चढ़ाते हैं, उनके आहातों में रेत की एक इमारत बनाते हैं तथा बौद्ध धर्मग्रंथों का पाठ करते हैं। बारह बजे के आसपास, लोग बुद्ध की प्रतिमा को नहलाने के लिए पानी लाते हैं और उसके बाद महोत्सव के कार्यक्रम शुरू होते हैं जो कि मुख्यतः दो प्रकार के होते हैं – कुलीन व निरंकुश। पहले वाले कार्यक्रम बुजुर्ग

◆ दाई जातीय समूह का जल-महोत्सव (स्रोतः www.microfotos.com)

लोगों के लिए होते हैं जिसमें लोग जैतून की एक डंडी को पानी में डुबाकर, मंत्रोचारण के बीच पानी को बुजुगों के सिर या शरीर पर छिड़कते हैं। उसकी तुलना में निरंकुश खेलकूद का कोई बंधा-बंधाया स्वरूप नहीं होता है और लोग बाल्टियों से ही एक-दूसरे पर पानी उंडेलते-फेंकते हैं। दाई लोगों के लिए, एक-दूसरे पर पानी फेंकना, आशीर्वाद का स्वरूप है – जो जितना अधिक भीगा या भिगाया जाता है उसे उतना ही अधिक आशीर्वाद मिलता है, ऐसी मान्यता है। जब महोत्सव अपने चरम पर होता है, लोग एक-दूसरे पर पानी फेंकते शहर की गलियों-गलियों भागते हैं जब तक वे पूरी तरह से भीग या भिगा न दिये जाएं। उसके बाद वे गोल घेरा बनाकर नाचते हैं। मछलियों, मोर, सफेद हाथी, घोड़े व हिरण की भंगिमाओं की नकल करते कुछ पेशेवर भी नृत्य पेश कर लोगों का मनोरंजन करते हैं।

◆ जल-महोत्सव के दौरान लोग कौंगमिंग लालटेन को आसमान में उड़ाते हुए

बुद्ध प्रतिमा को नहलाने व पानी फेंकने के अलावा, ड्रैगन नाव स्पर्धाओं, कौंगमिंग लालटेन को उठाने व ''बटुआ फेंकने'' का भी आयोजन होता है जिस दौरान खूब पटाखे भी छोड़े जाते हैं। इनमें बटुआ फेंकना सबसे ज़्यादा लोकप्रिय है जिसमें नवयुवती जिस युवक को चाहती हैं, उस पर अपना स्वयं हस्त-निर्मित काशीगिरी वाला बटुआ फेंकती है।

आज यह जल महोत्सव एक अंतर्राष्ट्रीय ख्याति प्राप्त कर चुका है और जिसमें सम्मिलित हो पावन जल का आर्शीवाद लेने देश-विदेश, दूर-दूर से लोग शरीक होते हैं और उन्हें चीन व युन्नान विशेष की सांस्कृतिक विरासत को अधिक करीब से देखने-समझने का अवसर मिलता है।

मशाल महोत्सव

चंद्र कैलेण्डर के छठवें महीने का 25वां दिन, यी, बाई, नाशी, जिनो, लाहू व लिली जातीय समुदायों के लोगों के लिए महत्त्वपूर्ण अवकाश है। इस दौरान, ये लोग अपना मशाल महोत्सव, जिसे ''एशियाई आनंदोत्सव'' भी कहा जाता है, मनाते हैं और अपने-अपने पारंपरिक परिधानों में आकर, अपने पूर्वजों का स्मरण व आने वाले साल में अच्छी फसल की कामना के लिए पूजा-अर्चना करते हुए मशालें जला कर उनसे खेलते या उनके ऊपर से कूदते हैं।

महोत्सव का मुख्य आकर्षण ''मशाल खेल'' होता है जिसमें नौजवान युवक व युवतियां अपने हाथों में मशाल लिए फिरते हैं और जब वे दूसरों से मिलते हैं तो अपने झोलों से थोड़ा रेसिन पावडर निकाल, मशाल में डालते हैं जिससे एक जोरदार आवाज़ के साथ मशाल से चकाचौंध करती एक लौ उठती है। यह अपशकुन को भगाने व एक-दूसरे के सौभाग्य की कामना करने का प्रतीक

◆ मशाल महोत्सव का एक रोचक दृश्य

◆ यी जातीय समुदाय के मशाल महोत्सव में बाघ-नृत्य

है। समारोह के आखिर में, जोड़े या समूह में नौजवान मशाल लिये खेतों में जाकर आने वाले साल में अच्छी फसल की प्रार्थना करते हैं।

इसके अलावा, यी समूह, मशाल महोत्सव के दौरान ''सौन्दर्य प्रतियोगिता'' जैसे विशिष्ट कार्यक्रमों का आयोजन करता है। इसमें, यी युवतियां, अपने राष्ट्रीय व पारंपरिक लिबास में और हाथ में पीली छतरियां थामें, घास पर अलाव के चारों ओर सामूहिक नृत्य ''दुओ ली ही'' करती हैं। गांव के आदरणीय बड़े-बुजुर्ग बड़ी बारीकी व पूरी नियमनिष्ठा से उनका मूल्यांकन करते हैं जिसमें वे लड़कियों के आकार-प्रकार, परिधान शैली व चरित्र, यहाँ तक कि अपने मां-बाप के प्रति उनकी निष्ठा तथा वे कितनी मेहनती व किफायती हैं, का भी अवलोकन करते हैं। आज ''मशाल महोत्सव'' में नये आयाम जुड़ गये हैं और दर्शकगण को भी मूल्यांकन करने दिया जाता है या दर्शक स्वयं अपनी किसी सुंदरी को मंच पर ला सकते हैं।